Lichtwässer und ihre Heilkräfte

GUDRUN DALLA VIA

Lichtwässer und ihre Heilkräfte

Ein praktischer Ratgeber

AT Verlag

Dieses Buch ist eine überarbeitete Neuausgabe des 1997 unter dem Titel »Phänomen Wasser« bei vgs, Verlagsgesellschaft, Köln, erschienenen Werks.

4. Auflage, 2005

Grafik und Layout: Love & Peace, www.loveandpeace.ch
Umschlagabbildung sowie Bilder Seite 10/11, 58/59, 104/105: Stephan Kölliker, Ruswil
Lithos: AZ Grafische Betriebe AG, Aarau
Druck und Bindearbeiten: Kösel, Krugzell
Printed in Germany

ISBN 3-85502-999-7

www.at-verlag.ch

Inhaltsverzeichnis

Geleitwort

Die Autorin dieses Buches, Gudrun Dalla Via, kenne ich seit 1985. Damals, kurze Zeit nach meinen ersten Entdeckungen der Lichtwässer, erfuhr ich durch eine Fernsehübertragung von ihrem Interesse am Thema Wasser und nahm Kontakt mit ihr auf. Seitdem verfolgt Gudrun Dalla Via meine Arbeit mit Interesse, nahm auch an meinen Kursen teil und engagierte sich auf verschiedenen Forschungsgebieten. Folglich freue ich mich sehr über ihre Bestrebungen, die Kenntnis der Lichtwässer immer größeren Bevölkerungsschichten zugänglich zu machen. Schon seit einigen Jahren bemerken wir eine wachsende Aufmerksamkeit und Empfänglichkeit gegenüber dem Wasser im Allgemeinen und Lichtwasser im Besonderen, auch und vor allem nördlich der Alpen. Zahlreiche Besitzer oder Verwalter von Quellen, Thermalorten, Wassergebieten nahmen Kontakt mit uns auf. Architekten schlugen eine gemeinsame Arbeit auf dem Gebiet Wasserschutz und Wasserkreisläufe vor. Auch das Wassersymposium in Luzern im Juni 2002 gab Anstöße zu zahlreichen Kontakten mit Forschungsinstituten, Stiftungen, Therapiezentren.

Allen Lesern dieses Buches möchte ich ans Herz legen, die Lichtwässer als ein wertvolles Geschenk zu betrachten, das mit Dankbarkeit und Respekt benutzt werden sollte. Das Verständnis dieses einzigartigen Phänomens wird sich durch das sorgsame Benutzen immer mehr einstellen. Ich wünsche allen eine erfolgreiche Anwendung der Lichtwässer, die uns und unseren Körper wieder zu unserem ursprünglichen Wohlbefinden zurückführen können.

Im August 2002
Dr. Enza Maria Ciccolo

Vorwort

Die gänzlich überarbeitete und ergänzte Neuauflage meines Buches zum Thema Lichtwässer und deren Heilwirkungen soll mit einer Danksagung beginnen.

Einer Danksagung an das Wasser als Lebensspender und insbesondere an die Lichtwässer, die Gesundheit schenken und dem, der Augen hat zu sehen und Ohren zu hören, ganz neue Perspektiven öffnen.

Einer Danksagung an alle Forscher, die ihre Studien dem Verständnis des Wassers gewidmet haben.

Und einem großen Dankeschön an die vielen, vielen Leser der ersten, nunmehr fünf Jahre zurückliegenden Ausgabe, die mir so viele Anstöße und Ermutigungen gegeben haben, mit Erfahrungsberichten, Fragen, Zusendung von Dokumentation oder Wasserproben.

In den Hochkulturen des Altertums hatte man wohl allgemein eine viel bessere Beziehung zum Wasser: Man verstand seine Botschaft oder versuchte zumindest, sie zu verstehen. Eigenartigerweise ist gerade in Ländern, die reich an Quellen und Thermen waren und in denen der Kontakt mit dem Wasser einst sehr gepflegt wurde, wie zum Beispiel in den Niederlassungen des Römischen Reiches, diese Beziehung lange Zeit fast abgerissen. So waren mein Buch »Idroterapia« (Erstauflage in Italien 1981) wie auch andere Arbeiten über das Wasser eine absolute »Neuheit«. »Phänomen Wasser«, 1998 in Deutschland erschienen, löste eine große Welle der Begeisterung aus, war aber Einzelnen auch ein Ärgernis, was übrigens gerade für das Thema Wasser typisch zu sein scheint.

Seitdem sind zahlreiche Bücher – Text- und Bildbände – über das Wasser erschienen. Und allgemein hat sich das Bewusstsein der Menschen geändert, wie unter anderem der rege Besuch der Veranstaltungen zum Thema Wasser beweist. Zudem hat sich in der Wasserforschung und insbesondere in der Arbeit mit den Lichtwässern viel Neues ergeben, und laufend kommen weitere Erkenntnisse hinzu.

Wasser, was ist daran so besonders?

Warum sollte man etwas Besonderes in etwas so Alltäglichem wie dem Wasser sehen? Etwas, das man zum Waschen, zum Kochen und zum Trinken benutzt und das normalerweise reichlich und jederzeit vorhanden ist.

Gerade diese »Alltäglichkeit« lässt uns womöglich das Besondere und Einzigartige am Wasser übersehen. Wir sorgen uns zwar um das Absinken des Grundwasserspiegels, um die Qualität des Trinkwassers oder um die Menge der Regenfälle, die Trockenheit oder Überschwemmungen hervorrufen können. Aber im Grunde genommen ist für die meisten Menschen Wasser bestenfalls H_2O, das heißt ein Molekül, das aus zwei Atomen Wasserstoff und einem Atom Sauerstoff besteht.

Doch es wäre sehr viel mehr zum Thema Wasser zu sagen.
Hier nur einige Anstöße zum Nachdenken:

- Ohne Wasser gibt es kein Leben. Wir können viele Tage und sogar Wochen ohne feste Nahrung auskommen, aber ohne Wasser wären unsere Überlebenschancen sehr begrenzt: je nach Temperatur und sonstigen Umweltbedingungen wenige Stunden bis einige Tage.
- Das Leben auf unserem Planeten wurde erst möglich, als »sich die Wasser schieden«, als sich Wasser bildete und zur Abkühlung der Erd-

kruste und der Atmosphäre beitrug und gleichzeitig eine übermäßige Abkühlung verhinderte oder hinauszögerte: Wasser ist nämlich ein vorzüglicher Wärmespeicher und -regulator.

- Unser Körper besteht zu über zwei Dritteln aus Wasser, in ungefähr demselben Verhältnis wie die Erdoberfläche (ob das ein bloßer »Zufall« ist?).
- Kein einziges Lebewesen auf unserem Planeten kann gänzlich ohne Wasser auskommen. Wasser ist für alle Stoffwechselvorgänge unabdingbar notwendig.
- Die »lebende Materie« und alle Nährstoffe, also Eiweiße, Kohlenhydrate und Fette, bestehen grundsätzlich aus drei beziehungsweise vier Elementen, die nur jeweils unterschiedlich angeordnet sind. Zwei davon sind Wasserstoff und Sauerstoff, die ja auch das Wasser ausmachen (die anderen beiden sind Kohlenstoff und, im Fall der Eiweiße, Stickstoff).

Merkwürdigkeiten des Wassers

In mancher Hinsicht ist Wasser geradezu ein Unikum. Innerhalb einer minimalen Temperaturspanne kommt es in drei »Dimensionen« vor: fest (als Eis), flüssig (als Wasser), gasförmig (als Dampf).

Dabei ist es bei 4 Grad Celsius am schwersten und nicht etwa als Eis, wie man eigentlich annehmen sollte.

Wasser gibt Forschern immer mehr zu denken: es verhält sich sozusagen »anormal« unter mindestens 12 physikalischen Aspekten, die normalerweise zur Bewertung einer Substanz untersucht werden, aber alle tragen in irgendeiner Form zu den Überlebensbedingungen auf dem Planeten Erde bei; dazu gehört beispielsweise die Tatsache, dass Wasser sich beim Gefrieren vergrößert statt verkleinert. Ein weiterer dieser »merkwürdigen« oder »anormalen« Faktoren ist die Eigentümlichkeit des Wassers, sich zu Molekülketten zusammenzuschließen; bei »Zimmertemperatur« (etwa 20 Grad Celsius) zu so genannten Clustern von etwa 400 Molekülen, wobei es vor allem die positiv geladenen Wasserstoffionen sind, die untereinander Brücken bilden. Dies führt unter anderem zu dem ungewöhnlichen Phänomen, dass Wasser bei 100 Grad Celsius siedet und dass es nicht übel riecht, wie man das eigentlich von seiner Zusammensetzung erwarten müsste.

Bei 37 Grad Celsius hat Wasser Eigentümlichkeiten, die schwer erklärbar sind, aber als besonders starkes Flüssigsein und starke Bindungsfreudigkeit bezeichnet werden können. Es ist gewiss kein Zufall, dass unsere Körpertemperatur bei 37 Grad Celsius liegt.

Außerdem ist Wasser unter gewissen Umständen sehr »leitfähig«, unter anderen wiederum sehr wenig. Die Leitfähigkeit ist übrigens nicht ein ausschließlich »elektrisches« Phänomen, sondern wird unter anderem stark durch biochemische Vorgänge beeinflusst, wie man auch bei Studien der Gehirnfunktion erkannt hat. Und wie gesagt gibt es keine biochemischen Vorgänge ohne Wasser.

Auch dass Wasser ständig in Bewegung ist, wissen wir seit unserer Kindheit. Aber vielleicht haben wir dabei nie bedacht, dass Wasser auch ständig steigt und fällt, von den höchsten Bergspitzen und Wolken bis zum tiefsten Grund der Weltmeere und umgekehrt, und dass es dabei »aufnimmt« und »mitnimmt«. Im Fernen Osten würde man den ständigen Wandel in Form und Bewegung mit den Ausdrücken Yin und Yang umschreiben.

Es entzieht sich zum Teil der Gravität, das heißt der Anziehungskraft der Erde. Wasser durchdringt alles, »wird« zu allem. Mit Vorliebe vermischt es sich mit Luft und mit Licht. Wasser, das in Bewegung ist, nimmt mehr gasförmige Substanzen auf, vor allem Sauerstoff und CO_2; kaltes Wasser ist in dieser Beziehung »aufnahmefähiger« als warmes Wasser.

Wasserstoffmoleküle sind bei Kühle aktiver als bei Wärme (die Zeppeline waren mit Wasserstoff gefüllt), Sauerstoffmoleküle sind hingegen bei Wärme aktiver (Öfen brennen besser unter Sauerstoffzufuhr). Da Wasser beide enthält, ist es besonders »beweglich«; es steigt und fällt tatsächlich ständig.

Wasser ist weich, und trotzdem löst es mit der Zeit alles, auch die härtesten Materialien wie Eisen und Stein: das ideale Löse- und Bindemittel!

Auch bei der Bewegung selbst können wir mehr als eine Eigentümlichkeit beobachten. Zum Beispiel: Im Fluss bewegt sich das Wasser fort, aber die »Welle« im Fluss, das heißt die Form des Wassers, verharrt auf der gleichen Stelle (so genannte stehende Welle). Das Wasser fließt also praktisch »durch die Welle«. Im offenen Meer ist das Gegenteil der Fall: Die Welle bewegt sich, die Form wandert über die Oberfläche, aber das Wasser bleibt im Großen und Ganzen an der gleichen Stelle. In jedem Fall aber ist Wasser in Form von Wellen oder Strömungen ein »Transportmittel«, das Gegenstände, aber auch weniger Offensichtliches wie etwa Wärme (Beispiel Golfstrom) und womöglich auch »Informationen« tragen kann. Wir sagen »womöglich«, denn Informationen werden im Wasser auch ohne sichtbare Bewegung transportiert.

Wassertropfen haben die Tendenz, Kugelform zu bilden. Das erscheint uns als ganz »normal«, weil wir es immer so gesehen haben. Dabei handelt es sich aber, sicher nicht ganz zufällig, um die harmonischste und die »sparsamste« Form: größter Inhalt bei relativ kleinster Oberfläche.

Aber es nimmt auch andere Formen an, Wellen und Strudel oder Doppelspiralen. Wenn man die Bewegungsformen des Wassers genau beobachtet und misst, dann wird man im Allgemeinen die Ausbildung von bestimmten Größenverhältnissen feststellen. Diese Formen und Proportionen finden wir erstaunlich oft bei Pflanzen oder Tieren, besonders anschaulich bei Muscheln und Schnecken und sogar in Felsbildungen. Nicht immer sind diese Formen der direkten Einwirkung von Wasser zuzuschreiben; es könnte sich auch um Formen handeln, die in der Natur spontan entstehen, vor allem aber im Wasser, dem Grundstoff des Lebens. Auch unsere Erbinformation, das lange DNS-Molekül, hat die Struktur einer doppelten Spirale (Doppelhelix). Diese

Form hat offenbar in der Natur energetisch eine besondere Bedeutung, weil sie bei vielen wichtigen Strukturen auftaucht.

Wasser ist ungemein »reaktionsfähig«. Es löst andere Substanzen auf und bindet sich an diese auf eine typische Art, die wir in anderen Flüssigkeiten nicht antreffen.

Wasser wird als »neutral« bezeichnet, was seine elektrische Ladung anbelangt. Allerdings haben die Wasserstoffionen und Sauerstoffionen Pole, die sich gegenseitig anziehen oder abstoßen, ähnlich wie Magnete oder wie Teile in einer Batterie. Durch den Wechsel der Positionen in den Clustern ergeben sich unterschiedliche Spannungsgefälle; die starke Veränderlichkeit innerhalb der Clusterstruktur verändert auch die »Bindungsfreudigkeit« des Wassers, das heißt die Fähigkeit, andere Substanzen aufzulösen und mitzunehmen.

Das Leben auf unserem Planeten wird unter anderem dadurch ermöglicht, dass Wasser Wärme und Kälte über lange Zeiträume speichern kann und nur langsam abgibt. Wenn wir nicht dieses enorme, ausgleichende Wärmereservoir hätten, würden die Lufttemperaturen in kurzen Zeitabständen um mehr als 100 Grad Celsius schwanken.

Ohne das Wasser in der Luft, das heißt ohne die relative Luftfeuchtigkeit würden die Winde nicht gebremst und tobten mit vernichtender Gewalt über die Erde, wie dies ja auf anderen Planeten geschieht.

Und noch einige »Merkwürdigkeiten« des Wassers:

Normalerweise steigt die Temperatur eines Stoffes, wenn dieser unter Druck gesetzt wird. Bei Wasser hingegen steigt sie nicht über 35,6 Grad Celsius, auch bei beliebig hohem Druck.

Nach den Gesetzen der Physik müsste Wasser bei minus 46 Grad Celsius zu kochen anfangen, nicht erst bei plus 100 Grad. Das Wasser schert dies wenig ...

Die Formel H_2O oder H-O-H ist nur für Wasser in dampfförmigem Zustand zutreffend. Sobald es sich verflüssigt, wird seine Struktur extrem komplex. Man könnte von Flüssigkristallen sprechen.

EIN AUSFLUG IN DIE WASSERFORSCHUNG

Viele unabhängige Forscher und Institute haben sich mit dem Phänomen Wasser befasst und feststellen können, dass das Wasser tatsächlich, zumindest unter bestimmten Bedingungen, die Fähigkeit hat, Informationen aufzunehmen, zu speichern und weiterzugeben.

In Deutschland hat zum Beispiel Dr. rer. nat. Wolfgang Ludwig, Begründer des Instituts für Biophysik in Horb (siehe auch Seite 26), ausgiebige Untersuchungen an homöopathischen Mitteln durchgeführt und dabei unter anderem festgestellt, dass einige vor über hundertfünfzig Jahren noch von Hahnemann selbst hergestellte Mittel immer noch voll und ganz ihre Schwingungseigentümlichkeiten aufwiesen, also noch hundertprozentig wirksam waren. Weitere Untersuchungen desselben Forschers bewiesen, dass die von Hand oder mit einer hydraulischen Pumpe verschüttelten Mittel wesentlich »reinere« Schwingungsinformationen enthielten als solche, die durch den Elektrosmog von elektrisch betriebenen Schüttelgeräten beeinflusst worden waren.

Prof. Cyril Smith von der Universität Salford, Manchester, hat über fünfzehn Jahre lang Studien an Homöopathiepatienten durchgeführt. Diese Studien beweisen eindeutig, dass es sich bei homöopathischen Mitteln um Übertragung von energetischen Informationen handelt. Dieser Beweis gelang Prof. Smith durch die genaue Messung der Frequenzen, die allen Stoffen und Lebewesen, also auch bestimmten Krankheitserregern zu eigen sind. Beispielsweise reagierte eine Patientin, die auf eine bestimmte Pilzart drastische Allergiereaktionen bis zur Ohnmacht zeigte, auf dieselbe Art, wenn sie »nur« mit der gleichen, von Prof. Smith »künstlich« erzeugten Schwingung in Berührung kam. Erst ein spezifisch zubereitetes homöopathisches Präparat führte zur Heilung.

Mancherorts scheut man sich noch, das Wort »Gedächtnis« zu benutzen, weil man fürchtet, wissenschaftlicher Ketzerei bezichtigt zu werden. Aber: Gäbe es Leben ohne dieses »Gedächtnis«? Wie könnte aus einer winzigen Eizelle ein Körper mit hoch differenzierten Organen entstehen, von denen jedes »weiß«, wie es funktionieren muss, um den ganzen Organismus am Leben zu erhalten? Ist der »Bauplan« in der DNS etwas anderes als ein »Gedächtnis«, das von Generation zu Generation, von Zelle zu Zelle weitergegeben wird? Bei den undifferenzierten Zellen wie der Eizelle handelt es sich vielmehr um ein Hologramm, das heißt um eine »Fotografie« oder einen Abdruck des Ganzen, das in der Lage ist, dieses Ganze wieder einwandfrei nachzubilden.

Übrigens ist die DNS bekanntlich in doppelter Spiralform angelegt. Diese Form scheint in der Natur eine besondere Bedeutung zu haben, und man kann wohl daraus schließen, dass ein enger Zusammenhang besteht zwischen der Spiralform und der Fähigkeit, Informationen zu speichern, das heißt Gedächtnis. Und siehe da: Wasser hat die Tendenz, ganz bestimmte Formen anzunehmen. Strudel und Spiralformen sind zur Genüge bekannt, und Sie brauchen nicht einmal zu einem Bach oder Wasserfall zu gehen, um dies zu beobachten; sehen Sie nur einmal zu, wie das Wasser aus Ihrer Badewanne fließt. Oder wie sich Wasserdampf bei geringem Druck in Spiralform, ja sogar in doppelter Spiralform (!) erhebt. Auch bei (nicht »begradigten«!) Flüssen und sogar im Inneren von Rohren beobachtet man, dass Wasser stets die Tendenz hat, sich spiralförmig »einzuwickeln«, wobei eine so genannte Sekundärwalze sich gleichfalls schraubenförmig mitbewegt.

Auch die Fotografien, die George De La Warr bereits in den fünfziger Jahren in Oxford aufnahm, beweisen, dass Flüssigkeiten wie Blut und Speichel die »Erinnerung« an das Ganze, zu dem sie einmal gehört haben, speichern.

Ganz gleich wie man es auch nennen will: das Phänomen Wasser existiert und wird ständig weiter erforscht.

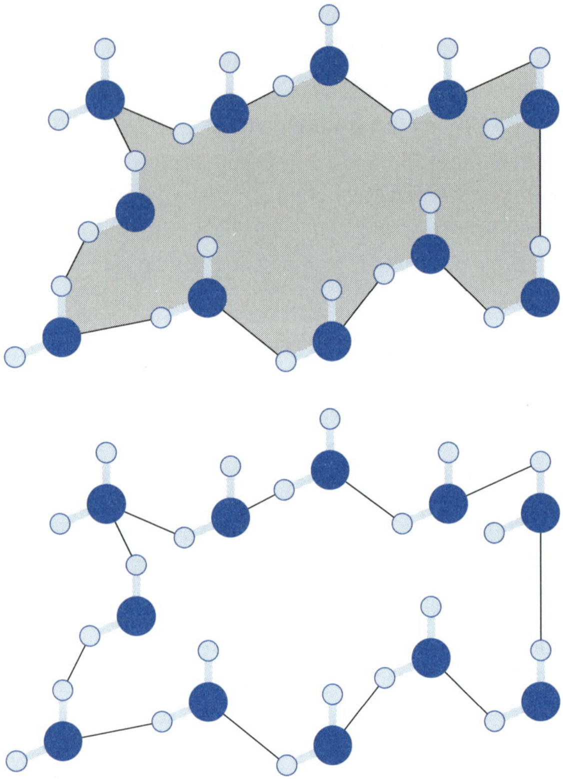

Wassermoleküle legen sich als Cluster um eine Substanz und können die Clusterform beibehalten, auch nachdem die Substanz selbst nicht mehr vorhanden ist. Dies entspricht praktisch einer »Energie-Fotografie«.

Die Mikroinformation des Wassers

Die Formel für Wasser ist verhältnismäßig einfach: zwei Atome Wasserstoff und ein Atom Sauerstoff. Und trotzdem ist der volkstümliche Ausdruck »sich ähneln wie zwei Tropfen Wasser« vom Ansatz her falsch. Es gibt nämlich wahrscheinlich keine zwei Tropfen Wasser, die einander genau gleich sind. Dies wird deutlich, wenn man die kristallisierte Form von Wasser, das heißt Schneeflocken oder auch »Eisblumen« am Glasfenster betrachtet.

Seit Jahren kennt man mindestens elf verschiedene Molekularstrukturen im Eis. In Schneeflocken, von Forschern fotografiert und untersucht, wurden Tausende von verschiedenen Formen festgestellt (z.B. in 2453 Fotografien von Bentley und Humphreys) und bisher keine hundertprozentig gleiche Form entdeckt.

Es hat etwas länger gedauert, bis man sicher sein konnte, dass Ähnliches auch auf die flüssige Form, auf das Wasser, zutrifft. Atomphysiker haben nun aber eindeutig festgestellt: Die Bindungen innerhalb der Wassermoleküle und Cluster sind normalerweise so unstabil, dass sich Wasser in ständiger Veränderung befindet. Emilio del Giudice, Professor für theoretische Physik am staatlichen Institut für Atomphysik an der Universität Mailand, drückte es einmal folgendermaßen aus: »Man kann Wassermoleküle mit einem Tanzboden vergleichen. Die Herren sind die Atomkerne, die Damen die Elektronen. Diese schwingen und wechseln dauernd den Partner zu einer Musik, die durch den Gesamtzusammenhang erzeugt wird und den Frequenzen eines elektromagnetischen Feldes entspricht. Auf diese Weise interagiert jedes Partikelchen mit allen anderen, und sie ‹sprechen› miteinander auch auf Entfernung.

Heute ist man sich immer mehr bewusst, dass im Inneren der Wassermoleküle nicht elektrostatische, sondern elektrodynamische Kräfte wirken. Diese gestatten es den Wassermolekülen, sich zu einem organisierten Staat zusammenzufügen, der ständig stark aktiv ist. Allerdings kommunizieren zwei Moleküle nur miteinander, wenn sie auf der gleichen Frequenz schwingen (Resonanz), als ob sie Antennen hätten. Sobald dies zutrifft, entstehen die Grundlagen für ein unglaubliches Netz von Informationsaustausch. Daraus ergibt sich eine vollkommen neue Interpretation der Wasserphysik.«

Professor Del Giudice stellte weiter fest:

- Die Kohärenzphänomene reichen auch über das betroffene Material selbst hinaus.
- Zwischen Wasserstoff und Sauerstoff bildet sich in einer Art elektronischem Stromkreis unter den Wasserstoff- und Sauerstoffatomen im Wassermolekül eine Oszillation mit Spitzen von 0,26 Elektronvolt; diese scheint von großer Bedeutung für alles Lebende zu sein, während »Inkohärenz«, eine Entfernung von diesem Wert, das Leben stört.
- Beim Übergang in Wasserdampf wird die Kohärenz unterbrochen (was den Informationsverlust erklärt).
- Die Kohärenzfelder sind Halbleiter; genauer gesagt ist Wasser 87% der Zeit isolierend und 13% der Zeit leitend.
- Wasser in der flüssigen Phase besteht praktisch aus zwei Flüssigkeiten, einer kohärenten und einer nichtkohärenten.
- In jeder Kohärenzdomäne befinden sich rund 2 Millionen freie Elektronen, die sich innerhalb dieser frei bewegen.
- Die Dichte von kohärentem Wasser ist geringer, was übrigens die geringere Dichte bei + 4 Grad Celsius erklärt.
- Schwache Magnetfelder rufen starke Wirkungen hervor, was bei starken Magnetfeldern nicht unbedingt der Fall ist.

Es wird keine Energie im klassischen Sinn abgegeben, sondern eine Information, die die Gewebe im Idealfall »in Phase« bringt, das heißt wieder korrekt schwingen lässt. Dies vermindert den Energiebedarf (unharmonische Funktion ist gleichbedeutend mit Energieverschwendung) und macht somit indirekt mehr Energie verfügbar.

Die Untersuchungen eines russisch-österreichischen Biophysikers, Prof. Karl Trincher, haben bestätigt, was bereits Forscher wie Fowler, Bernal und Clegg gefunden hatten, nämlich dass Wasser sich in verschiedenen Phasen aneinander bindet, je nach den physikalischen Gegebenheiten (Temperatur, Druck, elektromagnetische Felder usw.) Man unterscheidet heute zwischen Phase I, in der die Moleküle fester untereinander verbunden sind, der nematischen Phase oder Phase II, in der eine stark geordnete Verteilung der Moleküle offensichtlich wird, und der cholesterinischen Phase, bei der sich die Moleküle sogar schrauben- oder spiralenförmig anordnen. Die verschiedenen »Phasen« des Wassers sind anscheinend auf unterschiedliche Weise in der Lage, Informationen aufzunehmen und zu speichern.

Professor Vittorio Elia von der Universität Neapel (siehe auch Bibliografie) hat in den Chemielabors der Universität erstaunliche Ergebnisse mit einem Kalorimeter, einem Wärmemesser schwedischer Produktion, erzielt.

Wasser reagiert auf die Anwesenheit von Lebewesen, zum Beispiel von Menschen mit Wärmeabgabe, ohne absolut in direktem oder indirektem Kontakt mit diesen zu stehen: Das Gerät ist vollkommen isoliert, um Wärmeabgabe oder -aufnahme in Verbindung mit chemischen Reaktionen oder dem Stoffwechsel von Bakterien, Zellen usw. unbeeinflusst von äußeren Temperaturschwankungen messen zu können. Die »Erinnerung« an diese Veränderung wird eine Weile gespeichert, bevor das Wasser wieder in seinen vorherigen Zustand zurückkehrt, nachdem die Ursache der Veränderung entfernt worden ist, das heißt die Personen nicht mehr anwesend sind. Erstaunlich ist dabei auch, zumindest für Techniker, die nicht mit dem Phänomen der morphogenetischen Felder (nach Rupert Sheldrake) vertraut sind, dass die Normalisierung der Temperatur spiegelbildlich zur vorausgegangenen Wärmeabgabe vor sich geht. Letztere ist unterschiedlich von einer Person zur anderen (natürlich unabhängig von Körpermasse und Körpertemperatur), nimmt aber in jedem Fall zu, wenn mehrere Personen den Raum betreten.

Und seitdem der Japaner Masaru Emoto unermüdlich Vortragsreisen in ganz Europa hält und seine wunderschönen Wasserfotografien zeigt und erklärt, ist es auch für den Laien offensichtlich: Wasser ist nicht gleich Wasser. Je nachdem, welchem Einfluss es ausgesetzt wurde, bilden sich spezifische Clusterstrukturen, die bei Gefrieren des Wassers fotografiert werden können. In unberührter Natur geschöpftes Wasser bildet schöne Kristalle aus; in verseuchten Gebieten sind die Cluster unsymmetrisch, verzerrt und ausgesprochen hässlich. Elektromagnetismus wirkt besonders zerstörerisch auf die Wasserstruktur, aber auch unharmonische Rhythmen und Geräusche wirken störend, und sogar der Einfluss der Gedanken ist deutlich erkennbar in der unterschiedlichen Ausbildung der Wasserkristalle.

Das menschliche Bewusstsein scheint einen besonders starken Einfluss auf die Kristallisationsfähigkeit und die Clusterbildungen des Wassers zu haben, wie Emotos Bilder und Ausführungen immer wieder unterstreichen; »Liebe und Dankbarkeit«, ganz gleich in welcher Sprache ausgesprochen oder gedacht, sind Worte, auf die Wasser und lebende Strukturen wie Pflanzkeimlinge oder Sprossen ganz besonders gut ansprechen. Auch Gebete, vor allem, wenn sie von vielen Menschen gleichzeitig gesprochen werden, hinterlassen bleibende Spuren im Wasser – sprich im fotografierten Kristall. Sicher ein Anstoß zum Umdenken, in jeder Hinsicht!

Dass Wasser ein Informationsträger ist, weiß man zwar schon seit langem, und verschiedene Therapien beruhen gerade auf diesem Prinzip. Die klassische Physik fand nicht für alle Vorgänge eine befriedigende Erklärung, weshalb von verschiedenen Seiten Ansätze wie Homöopathie, Bachblütentherapie und dergleichen als »unwissenschaftlich« abgelehnt wurden. Erst die Quantenphysik liefert die Modelle, die allerdings ein beachtliches Umdenken erfordern. Die Natur setzt sich anscheinend über die vom Menschen »gefundenen Gesetze« hinweg und beweist, dass sie jederzeit Unvorhergesehenes produzieren kann, dass sie mit minimalem Energieaufwand enorme Wirkungen erzielt und dass es kein deutlich trennbares »Hier« und »Dort« gibt. Die ersten Erkenntnisse zur Quantenphysik reiften vor über einem Jahrhundert, im Juli 1900; aber vielen »klassischen Physikern« ist sie noch immer ein Dorn im Auge. Ein sich selbst erhaltendes elektromagnetisches Feld oder Phänomene, die weder genau vorauszusehen noch statistisch zu erfassen sind, sind eben kein leichtes Thema. Die klassische Physik sieht mechanisch-elektrostatische Phänomene, die alle Teile fest verknüpfen. Die Quantenphysik erkennt elektrodynamische Phänomene und dass alle Systeme schwingen und wie Antennen Informationen austauschen. Wasser verhält sich in Gasform ziemlich »normal«, das heißt den Gesetzen der klassischen Physik entsprechend. Es hat keine Cluster, und die Kollisionen unter Molekülen gestatten kein bleibendes »Gedächtnis«. Aber bei 100 Grad Celsius bricht das System zusammen: Im Wasserdampf ist der Abstand von einem Molekül zum anderen 36 Angström, um bei Verflüssigung plötzlich auf 3 Angström zu fallen, bei einem Moleküldurchmesser von 1 Angström.

Das Wort Energie, das im Zusammenhang mit Wasser und Therapien immer häufiger fällt, mag bei manchem Skepsis hervorrufen. Aber wir sollten nicht vergessen, dass schließlich heute sehr viele Diagnose- und Therapiegeräte ohne das Prinzip der »Energie« und der Schwingungen nicht bestehen könnten, von Röntgenplatten und Ultraschalluntersuchungen bis zu Rotlicht- und Kobaltbestrahlungen.

Auch der menschliche Körper wird wohl kaum als ein Netz von Schrauben und Pumpen angesehen, sondern eher als ein kompliziertes Etwas, das auch aus Energie und Wellenlängen besteht.

Heilende Wasser

Wasser kann als Heilmittel eingesetzt werden und wird auch tatsächlich schon seit Jahrtausenden auf die verschiedensten Arten benutzt.

Hippokrates (Kos, Griechenland, 460–377 v. Chr.), noch heute als »Vater der modernen Medizin« angesehen, empfahl zum Beispiel verschiedene Badetechniken sowie Umschläge, Waschungen, Packungen und dergleichen. In Deutschland sind Sebastian Kneipp und Vinzenz Priessnitz für jeden ein Begriff. Schwitzpackungen, Wickel, Wasser- und Tautreten, Wechselduschen, Wechselbäder, Armbäder, Sitzbäder, Dampfbäder sind einige der über hundert Anwendungen, die zum großen Teil noch heute in Naturheilkliniken und Krankenhäusern praktiziert werden.

Allgemein gesehen werden in der Wasseranwendung nach Kneipp und Priessnitz die verschiedenen Stimuli oder Reize des Wassers genutzt: unterschiedliche Temperaturen, mehr oder weniger Druck, bestimmte Beigaben zum Wasser. Einige dieser Techniken lassen sich sehr gut mit der Anwendung von Lichtwässern verbinden.

HOMÖOPATHIE, UNMÖGLICH OHNE WASSER

Die von Samuel Hahnemann (1755–1843) entwickelte Therapie beruht auf dem Prinzip, mit Stoffen zu behandeln, die bei gesunden Menschen Symptome auslösen, welche dem Erscheinungsbild einer bestimmten Krankheit möglichst ähnlich sind. Dieses Simillimum-Prinzip erinnert in gewisser Hinsicht an die Impfungen, bei denen geringe Mengen des Krankheitserregers die Entwicklung von körpereigenen Immunstoffen anregen sollen. In den homöopathischen Mitteln allerdings wird der Wirkstoff so stark verdünnt, dass er ab der Lösung D 24 (vierundzwanzigste Dezimale) oder C 12 (zwölftes Hundertstel) chemisch nicht mehr nachweisbar ist und nach den Berechnungen von Avogadro wahrscheinlich auch kein Molekül der Substanz selbst mehr vorhanden ist.

Eine Substanz wird zunächst in der zehnfachen Menge Wasser angesetzt und kräftig geschüttelt. Dann entnimmt man ein Zehntel der Lösung, verdünnt sie wieder unter Schütteln mit der zehnfachen Menge Wasser und so fort. Dabei bedeutet D3, das heißt dritte Dezimale, dass der ursprüngliche Ausgangsstoff dreimal diesem Verdünnungsprozess unterzogen wurde.

Was also zum Schluss noch vorhanden und wirksam ist, ist nicht mehr die chemische Substanz als solche, sondern nur ihre Energieform, sozusagen das Design der Formel. Dabei ist besonders interessant, dass die homöopathischen Mittel bei jeweils höheren Verdünnungen immer stärker in ihrer Wirkung werden; man spricht dabei von hochpotenzierten Mitteln.

Die schrittweisen Verdünnungen werden ausschließlich in Wasser durchgeführt. Wasser ist nämlich ein ideales Lösungsmittel, aber, wie neuere Forschungen immer deutlicher unterstreichen, es ist noch viel mehr als nur eine Flüssigkeit, in der sich feste Stoffe auflösen. Wasser ist wie gesagt auch ein hervorragender »Informationsträger«.

BACHBLÜTEN

Der britische Arzt Edward Bach (1886–1936) beschäftigte sich während der Jahre, die er im Krankenhaus arbeitete, vorwiegend mit homöopathischen Mitteln und entwickelte nach dem homöopathischen Prinzip unter anderem die Nosoden, die seinen Namen tragen. Doch trotz aller Erfolge, die ihm seitens der akademischen Welt zuteil wurden, fühlte er sich nicht befriedigt. Es wurde für ihn zunehmend klarer, dass ein tiefer Zusammenhang zwischen Gemütszustand und Krankheit bestehen musste. Die Homöopathie und allgemein die holistische, auf den Menschen in seiner Ganzheit ausgerichtete Medizin trägt diesem Faktor zwar in zunehmendem Maß Rechnung, aber Bach fand in keiner Therapieform den Schlüssel, der ihm über die Seele und das Gemüt des Menschen den Zugang zu seinen körperlichen Gebrechen ermöglichte. Einer Intuition folgend forschte er im Pflanzenreich nach Mitteln, die – nach dem homöopathischen Prinzip – menschlichen Charaktereigenschaften und Gemütszuständen ähnelten. In seiner Heimat Wales fand er in mehreren Jahren intensiver Forschung das, wonach er suchte.

Während in der Phytotherapie (Pflanzenheilkunde) verschiedene Teile der Pflanzen verwendet werden, und zwar Wurzeln, Rinden, Blätter, Früchte, Knospen und Blüten, gab Bach Letzteren eindeutig den Vorzug, weil seiner Meinung nach in den Blüten die »Seele« der Pflanze am meisten zum Ausdruck kommt.

Außer den von Dr. Edward Bach selbst gefundenen Mitteln gibt es inzwischen zahlreiche andere Blütenmittel. Die bekanntesten sind die aus Kalifornien, aus Alaska und aus Australien. Jede dieser Blütengruppen eignet sich für bestimmte Therapiegebiete.

Lichtwässer

WAS IST EIN LICHTWASSER?

Der Ausdruck Lichtwasser beruht auf der Entdeckung, dass einige Wässer, die aus Wallfahrtsorten mitgebracht worden waren, auf verschiedene Lichtfrequenzen resonant waren. Wenn die Resonanz zu allen sieben Grundfrequenzen vorhanden ist, sind diese Wässer unter Beachtung bestimmter Bedingungen (auch weit entfernt vom Ursprungsort) unendlich reproduzierbar, wie unter anderem durch die Goldkolloidaltests an der Universität Mailand belegt wurde (*Rassegna Chimica* Nr. 5 und 6, 1990).

Da alle sieben Lichtfrequenzen zusammen das weiße Licht ergeben und dieses sich wiederum in die Spektralfarben aufspalten kann (wie wir es am Regenbogen beobachten und wie man es jederzeit mit einem Prisma nachvollziehen kann), nannte man diese Wässer in Italien »acque a luce bianca« (wörtlich übersetzt Weißlichtwässer). Im deutschsprachigen Gebiet setzte sich zunächst der Ausdruck »Marienwässer« durch, da die ersten Untersuchungen an Wässern durchgeführt wurden, die von Marienwallfahrtsorten kamen, das heißt von Pilgerorten, wo die Gottesmutter den Gläubigen erschienen ist und besonders verehrt wird. Das Wort Lichtwasser gefiel offensichtlich, sodass es in der Folge auch von Firmen benutzt wurde, die technisch aufbereitetes Wasser oder entsprechende Anlagen verkaufen.

Im Laufe der Jahre sind Hunderte oder gar Tausende von Wässern aus aller Welt auf ihre Resonanz zu den Lichtfrequenzen untersucht worden. Nur ein geringer Teil davon (und darunter nicht nur solche aus Orten mit deutlichem christlichem oder religiösem Einfluss) ist resonant auf alle sieben Frequenzen und folglich reproduzierbar.

In diesem Buch werden insbesondere sieben Lichtwässer behandelt, nicht nur, weil sie zu den ersten gehörten, die entdeckt wurden und zu deren Anwendung folglich ein sehr großer Erfahrungsschatz vorliegt, sondern auch, weil sie zusammen eine so breite Palette der Therapiemöglichkeiten bieten, dass auch dem interessierten Laien damit ein äußerst wertvolles Instrument an die

Hand gegeben werden kann. Allerdings verdienen es auch viele andere Wässer, erprobt und angewandt zu werden (siehe dazu auch Seite 103).

EINE THERAPIEFORM MIT WEIT REICHENDEN MÖGLICHKEITEN

Was die Lichtwässer mit Homöopathie und Blütentherapie gemeinsam haben, ist ihre feinstoffliche oder »energetische« Wirkung. Was sie von ihnen unterscheidet, ist, dass Homöopathie und Blütentherapie von Menschen entwickelt wurden und die Mittel von Menschenhand zubereitet werden, während Lichtwässer in der Natur vorkommen.

Ein weiterer, grundlegender Unterschied ist, dass Homöopathie und Bachblütentherapie von der Materie in Richtung Energie entwickelt wurden (praktisch eine »Verdünnung« von Materie), während Lichtwässer in umgehender Richtung wirken, das heißt sich von Energie zu Materie verdichten. Dieser Ansatz mag Ihnen, liebe Leser und Leserinnen, noch ein wenig theoretisch vorkommen, wird sich aber im Verlauf der folgenden Ausführungen und vor allem bei der Anwendung der Lichtwässer gewiss klären, zum Beispiel wenn wir vom Spin sprechen. (Homöopathische Mittel haben allgemein Linksspin; echte Lichtwässer sollten Rechtsspin aufweisen.)

ENERGIE, EIN (ZU) ALLGEMEINER BEGRIFF

Das Wort Energie wird heute in so vielen Bereichen benutzt, dass es leicht zu Verwirrung kommt.

Da ist einmal die Energie, die aus unseren Steckdosen kommt, durch die Verbrennung von Kohle oder Erdöl oder durch die Bewegung von Wasser, Wind oder Gezeiten gewonnen und zum Betrieb von Haushaltsgeräten und Maschinen verwendet. Dann denken wir vielleicht an unseren eigenen Energiehaushalt, an das, was wir essen, und daran, wie viel Energie wir für die Erledigung bestimmter Aufgaben verwenden, wie energiegeladen oder energielos wir uns zuweilen fühlen.

Physiker bringen es auf eine Formel. Albert Einstein erklärte zum ersten Mal, dass Materie nichts anderes sei als verdichtete Energie, also Energie in einer spezifischen Form, und dass im Grunde »alles Energie« sei, nach der Formel $E = mc^2$. Aber er schrieb auch, dass die Theorie bestimmt, was wir zu beobachten vermögen!

Wenn man von »Orten mit großer Energie« hört, denkt mancher vielleicht an Verschrobenheiten; für viele Menschen handelt es sich hingegen um Realität.

Um Art und Menge der Energie feststellen zu können, muss man sich zunächst über einige Begriffe einigen.

Da gibt es zum einen die Wellenlängen, die im umgekehrten Verhältnis zu den Hertz-Einheiten stehen (nach dem Entdecker der elektromagnetischen Wellen, Hertz; Abkürzung Hz); Letztere geben an, mit welcher Häufigkeit sich Wellenberge und -täler in einem bestimmten Zeitraum wiederholen.

In diesem Zusammenhang ist es wichtig zu wissen, dass auch unsere Gewebe und die Organe unseres Körpers »schwingen«, und zwar jedes auf einer spezifischen Wellenlänge und Frequenz. Zumindest solange das Organ oder Gewebe gesund ist. Bei einer Erkrankung kann man in jedem Fall deutliche Abweichungen von dem »ursprünglichen Muster«, von der Originalfrequenz feststellen. Und nicht nur das: Die Veränderung der Schwingungsart geht jeder biochemischen und organisch-physiologischen Veränderung voraus. Mit anderen Worten: Das, was wir letztlich auf den Röntgenbildern oder bei den Blutbefunden sehen, ist eigentlich die letzte Phase; schon einige Zeit vorher lässt sich mit geeigneten Messmethoden eine Veränderung der typischen »Schwingungsmerkmale« verzeichnen! (Mehr darüber erfahren Sie auf Seite 26ff.)

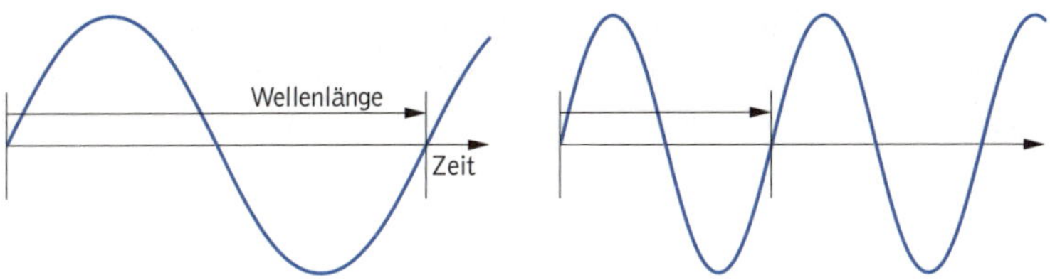

Elektromagnetische Schwingungen von Licht oder allgemein von Energie pflanzen sich in einer Welle fort. Dabei ist die Wellenlänge der Frequenz, also der Wechsel von Wellental und Wellenberg pro Sekunde, umgekehrt proportional: Je grösser die Wellenlänge, desto kleiner die Frequenz und umgekehrt.

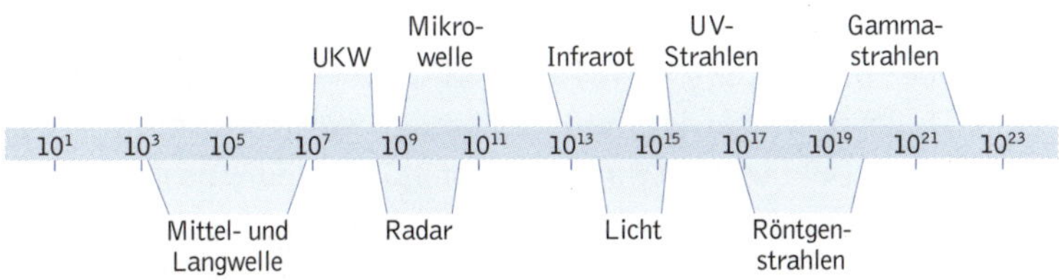

Die elektromagnetischen Wellen bzw. Strahlen im Überblick. Das sichtbare Licht entspricht nur einem kleinen Frequenzbereich um 10^{14} Hertz.

Genau hier kommen nun die Lichtwässer zum Zuge. Die Tatsache, dass ihre Frequenzen mit denen lebender Gewebe korrespondieren oder genauer gesagt, mit diesen resonant sind auf der gleichen Schwingungsebene und auf den höheren Stufen oder Entsprechungen, macht sie therapeutisch hoch interessant.

Um dies besser zu verstehen, müssen wir einen kleinen Ausflug in die Physik und womöglich in einige andere Fachgebiete machen. Für eine korrekte Anwendung der Lichtwässer ist die Kenntnis dieser Zusammenhänge aber nicht unbedingt notwendig; daher können Sie diese Seiten auch überspringen und direkt zum praktischen Teil übergehen.

WIE KANN MAN ENERGIE MESSEN?

Nicht jede Energie ist mit unseren fünf Sinnen erfassbar. Deshalb nehmen wir sie »auf den ersten Blick« nicht wahr: Wir müssen Geräte zu Hilfe nehmen, um uns der Anwesenheit und der spezifischen Eigenschaften einer Energieform bewusst zu werden, oder aber in den meisten Fällen uns darauf beschränken, die Auswirkungen zu verzeichnen und zu messen.

Elektrischen Strom zum Beispiel können wir weder sehen noch hören noch schmecken oder riechen. Wir sehen nur das Ergebnis, wenn wir eine Lampe oder ein Elektrogerät einschalten. Wie viel Volt (Spannung) und wie viel Ampère (Stromstärke) der Strom hat, der durch die vielen Leitungen in unseren Büros und Wohnungen fließt, können wir nur mittels spezifischer Messgeräte feststellen.

Wie ist es mit der Messung der Energien in Bezug auf Wasser beschaffen? Damit haben sich zahlreiche Wissenschaftler beschäftigt. Hier einige interessante Experimente und Ergebnisse.

Dr. Wolfgang Ludwig beschäftigt sich seit seiner Studienzeit mit Wasser und promovierte 1961 mit einer Diplomarbeit über Dipolmeter und Dipolkonstante (DK), das heißt mit Messungen über die Fähigkeit verschiedener Substanzen, Elektrizität zu kondensieren. Dazu entwickelte er ein Gerät, das bedeutend genauere Messungen ermöglichte als bisher und unter anderem deutlich machte, dass Wasser sich völlig anders verhält als andere Substanzen und eigentlich auch ganz anders, als man es normalerweise erwarten sollte. (So beträgt der DK-Faktor von Wasser bei Zimmertemperatur 81, der von Luft nur 1, und äußerst wenige Stoffe überschreiten Werte um 4 oder 5 DK.) Seine medizinische Doktorarbeit an der Universität Freiburg behandelte den Einfluss elektromagnetischer Signale auf das Nervensystem.

Dr. Wolfgang Ludwig hat unter anderem auch die Lichtwässer (von ihm »Marienwässer« genannt) »vermessen« und dabei Ergebnisse ermittelt, die sich erstaunlich genau mit jenen deckten, die fast gleichzeitig in Mailand mit

Diagramme von Infrarotmessungen: bei nicht »informiertem« Leitungswasser minimaler Ausschlag, bei Lichtwässern äußerst starker Ausschlag, aber jeweils in anderen Frequenzbereichen.

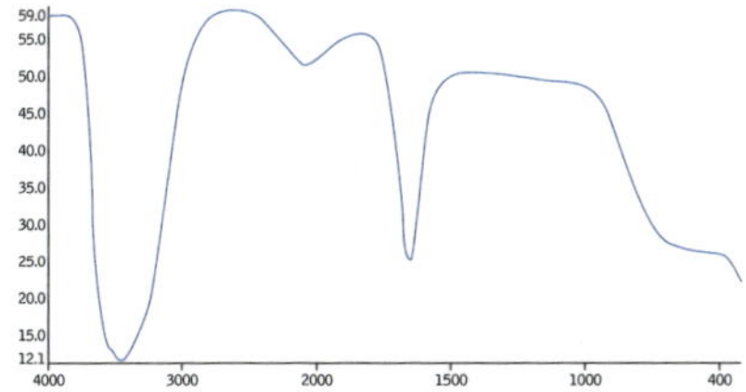

Leitungswasser

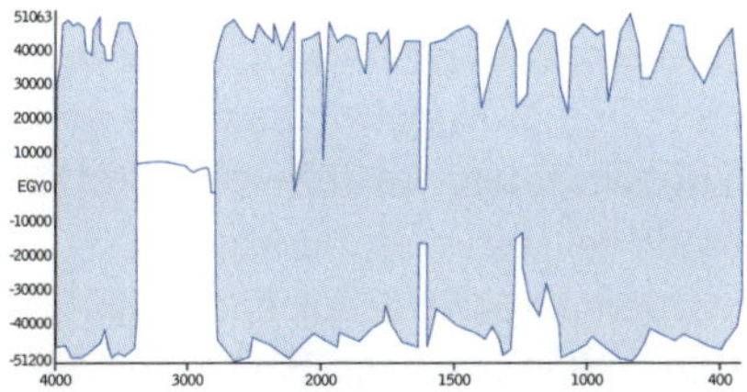

Lourdeswasser

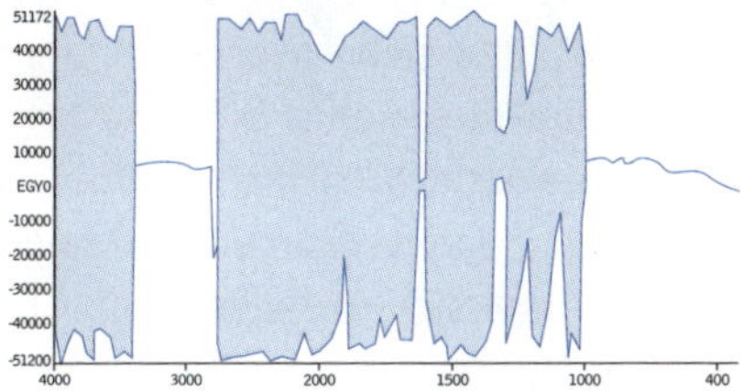

Medjugorjewasser

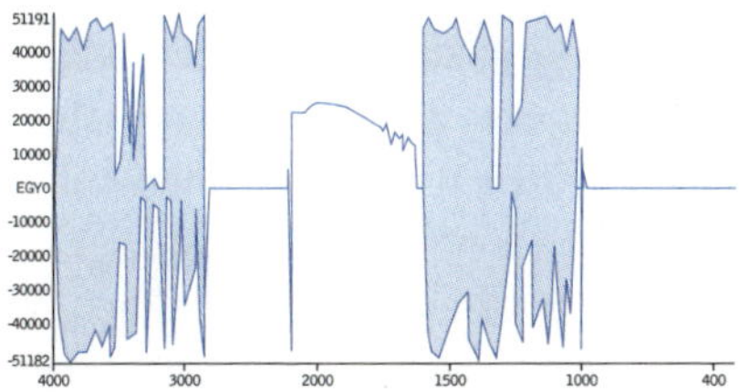

San-Damiano-Wasser

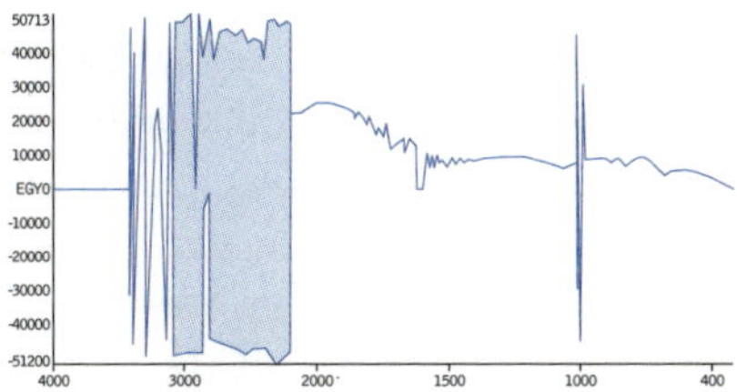

Fatimawasser

anderen Methoden erzielt worden waren. Etwas später wurden die Lichtwässer an der Universität Bari mit Hilfe bestimmter Infrarotinstrumente untersucht, und die Diagramme sind praktisch identisch!

Unter anderem bemerkte er die auffällige Ähnlichkeit beispielsweise von Lourdes- und Fatimawasser mit den Frequenzen der menschlichen Gehirnwellen.

Lichtwässer sind nun allerdings nicht »elektrisch geladen«, das heißt, sie bringen keine Glühlampe zum Leuchten. Die energetischen Eigenschaften, die bislang an ihnen gemessen werden, sind anderer Art, aber nicht minder wichtig. Bedeutsam ist unter anderem der so genannte Spin.

Spin ist der englische Ausdruck für Drehung. Alle Materie befindet sich in ständiger Bewegung, auch die so genannte unbelebte Materie (etwa Felsen). Diese Bewegung ist allerdings nicht mit bloßem Auge und auch nicht mit einem normalen Mikroskop erkennbar; erst mit hochempfindlichen Mikroskopen hat man feststellen können, dass die Atome nicht die kleinsten Partikel der Materie sind, wie man bis dahin angenommen hatte, sondern dass sie sich um den Kern (Proton) Neutronen und Elektronen bewegen, und zwar mit rasender Geschwindigkeit. Bei flüssigen und gasförmigen Stoffen ist diese Geschwindigkeit noch viel größer als bei festen Stoffen.

Die einzelnen Teilchen führen darüber hinaus noch eine Eigendrehung aus. Die kreisende oder ellipsenförmige Bewegung der Partikel um den Kern wird als Spin oder Chiralität bezeichnet. Bei Bewegung im Uhrzeigersinn spricht man von Rechtsdrehung oder Rechtsspin, bei Bewegung gegen den Uhrzeiger von Linksdrehung oder Linksspin. Für ein Element oder eine Substanz kann man den Gesamtspin als Summe der Spins seiner einzelnen Teilchen angeben.

Auch die Wassermoleküle und deren Atome sind solchen Drehbewegungen unterworfen. Diese und ihre sich verändernden Spannungen, Schwingungen und Frequenzen sind von zahlreichen Forschern gemessen worden. Einige deuten sie als das Rotieren des Wassermoleküls in eine bestimmte Richtung. Die Professoren Giuliano Preparata und Emilio Del Giudice von der Universität Mailand haben die Theorie aufgestellt, dass die Drehmomente, die diese Signale hervorrufen, die so genannten Kohärenzdomänen des Wassers, bestehend aus Millionen von Molekülen, sind.

Mit anderen Worten: In allen Substanzen einschließlich Wasser kann der Winkelmoment der Rotation gemessen werden. Außerdem kann man die Drehrichtung, den Spin, feststellen. Die Meinungen der Forscher gehen lediglich bezüglich der Größenordnung auseinander. Aber im Prinzip findet man stets eine Entsprechung (Analogie) zwischen Mikrokosmos und Makrokosmos: Ob man eine Mitteilung winzig klein schreibt oder mit Riesenbuchstaben, ändert schließlich nichts an deren Inhalt. Dass Wassermassen dazu neigen zu oszillieren, das heißt nach rechts und links auszuschwingen, kann man bei jedem Flusslauf beobachten.

Die Theorie von Preparata und Del Giudice geht von großen Molekülgruppen aus; andere Forscher sind eher der Meinung, dass der Spin auch bei kleineren Einheiten feststellbar ist. Prof. Lipinski von der Harvard University (Boston, USA) und Direktor des Forschungslabors von Cambridge (Mass., USA) nimmt an, dass es sich hierbei vor allem um die negativ geladenen Elektronen, die »reinste Energieform«, handle. (Übrigens ist die Vorstellung, dass die Elektronen als kleine »Kugeln« um den Atomkern kreisen, inzwischen überholt; heute nimmt man an, dass sie eine Form von Schwingungsenergie in Wellenform sind; und diese ist biologisch von Bedeutung.)

In der meisten Materie findet man einen Linksspin, was zu der weit verbreiteten Annahme geführt hat, dies sei der »Normalfall«. Allerdings ist der Normalfall nicht immer der Idealfall. Die Partikel eines Atoms (Neutronen, Protonen, Elektronen, Neutrine, Photonen oder Positronen), das sich in idealem Gleichgewicht befindet, müssten in der Lage sein, abwechselnd rechts und links zu drehen! Im Universum beispielsweise können wir beobachten, dass die Sternzeichen (Widder, Stier usw.) Linksspin haben, während die Planeten der Sonne Rechtsspin aufweisen.

Ein Gleichgewicht, das heißt ein »Plus/Minus« treffen wir auch tatsächlich an Orten, die noch weitgehend verschont geblieben sind von negativen Umwelteinflüssen, nicht zuletzt von elektromagnetischer Überlastung durch vom Menschen hervorgerufene oder stark veränderte elektromagnetische Felder, Strahlungsbelastung, aber auch sonstige Umweltprobleme. (Die Partikel haben nämlich eine elektrische Ladung und werden folglich durch Magnetfelder beeinflusst.)

Zum derzeitigen Standpunkt der Forschungen nimmt man Folgendes an: Je stärker die Verseuchung verschiedener Art, desto stärker auch der »Linksdrall« oder Linksspin. Mit anderen Worten, der Grad (die Intensität) der Linksdrehung ist ein deutlicher Anzeiger für das Ungleichgewicht eines Ortes oder eines Körpers.

Lichtwässer hingegen besitzen alle den offenbar seltenen Rechtsspin und vermögen somit die unharmonischen Linksdrehungen auszugleichen.

DIE MESSMETHODEN

Trotz den zahlreichen Erfindungen der modernen Messtechnik in neuerer Zeit befinden wir uns wahrscheinlich erst am Anfang einer Epoche. Es werden zwar laufend feinere und genauere Messmethoden entwickelt, aber diese befriedigen bei weitem noch nicht die Ansprüche der Forscher.

Zur Erforschung von Lichtwässern wurden bislang unter anderem folgende Messmethoden und Geräte verwendet, die aber laufend durch neue Entwicklungen erweitert werden:

- Infrarotlicht und »Gir«
- Goldchlorur-Reduktion (mit Bildung von kolloidalem Gold)
- T-Methode (lt. Student)
- Chromatografie
- Spektroskop
- Bioelektronometer
- Leitwertmessung
- Kupferchloridkristallisation
- Ultraviolettlicht
- Infrarotlicht
- Grünlicht
- Polarisiertes Licht
- Laserstrahlen und »Gir-Laser« (monochromatisches Licht)
- Mikrolaser
- Heine-Lampe
- Magnetisch-nukleare Resonanz
- Elekto-Agopunkturgeräte nach Voll
- Pulsar-Doppler
- Biophotonenmessung
- Elektronenmikroskop
- Kernspinresonanz
- Messung der niederfrequenten Kinkschwingungen

Untersucht wurden auch pH-Werte, elektrische Resistivität, rH2, Oberflächenspannung, Viskosität, Veränderungen in der Bodenzusammensetzung, der Reaktion von Bakterien und Viren, Reaktion auf die Gezeiten und vieles andere mehr.

Inzwischen gibt es weitere Methoden, oder diese sind allgemein zugänglicher geworden. So untersucht man zum Beispiel zunehmend die Veränderungen, die am lebenden Organismus bewirkt werden (Blut, Speichel, Urin).

Allgemein kann man sagen, dass jede dieser Messmethoden nur jeweils einen Aspekt untersucht. Hinzu kommt, dass fast alle Geräte Elektrosmog erzeugen und damit die feineren Schwingungen der Lichtwässer leicht überdecken.

Das vollkommenste Messinstrument ist wahrscheinlich der menschliche Körper. Das kann man wohl damit erklären, dass im Menschen, wie in einem großen Rechner, das Gedächtnis oder die »Files« von allem vorhanden sind, mit dem wir je in Kontakt gekommen sind, und dass wir diese Daten folglich mit einer geeigneten Technik abfragen und verarbeiten können. In der Diagnostik finden wir verschiedene Ansätze (z.B. Kinesiologie).

Die von Paul Nogier entwickelte Pulstechnik wurde von Dr. Enza Ciccolo erweitert und hat sich zum Erforschen der Lichtwässer und deren

Anwendung auf zahlreichen Gebieten, nicht nur der Humanmedizin, als äußerst wertvoll erwiesen. Die Pulsmessung nach Nogier bedient sich nicht des normalerweise zum Messen des Herzschlags benutzten Arterialpulses noch des »chinesischen Diagnosepulses«, sondern des Medial-Radialpulses. Der allgemein gebräuchliche Name ist VAS (Vascular Autonomic Signal). Man spürt ihn mit der Daumenkuppe, und er wird auch eindeutig von Pulsar-Doppler-Geräten registriert, was »Maschinenfanatiker« sicherlich befriedigt.

Die Technik ist von jedem erlernbar, erfordert allerdings einige Übung. Man kann sie ohne weiteres als wissenschaftlich bezeichnen, da die Ergebnisse bei geübten Testern stets hundertprozentig übereinstimmen. Der große Vorteil ist, dass die Ergebnisse weitaus sensibler und differenzierter sind als die maschinell bestimmten. Zudem braucht man nicht lange auf die Auswertung zu warten.

DIE ENERGIE DER LICHTWÄSSER

An der Universität Bari sind zahlreiche Versuche angestellt worden und laufen zum Teil noch. Prof. Angelo De Giglio, Dipartimento di Chimica, erklärt hierzu: »Ich habe mehrfach Gelegenheit gehabt, die außerordentlichen Wirkungen der Lichtwässer auf den Menschen und auf die Umwelt zu beobachten und diese in meinen Laboratorien zu untersuchen. Als Forscher bin ich fasziniert von einer Eigenschaft dieser Wässer, nämlich der, unter bestimmten Bedingungen unendlich reproduzierbar zu sein.

Zurzeit haben wir noch keine Erklärung für die bedeutsamen und weit reichenden chemischen und biochemischen Veränderungen gefunden, die diese Wässer erzielen. Eine mögliche Hypothese ist, dass diese Wässer in der Lage sind, nukleare Transmutationen, das heißt Verwandlungen von einem Element zum anderen, zu erzeugen. Diese Transmutationen sind heute möglich durch Beschuss einiger Atome mit enormen Energiemengen. Es gibt allerdings Forschungen, die beweisen, dass diese Transmutationen auch im Innern lebender Organismen bei sehr geringem Energieaustausch vor sich gehen können. Diese Transmutationen wurden von dem französischen Chemiker C. Louis Kervran (seinerzeit Directeur de Conférences an der Universität Paris) untersucht und experimentell belegt.

Bei Untersuchungen mit einem IR-Fotospektrometer (Infrarotstrahlen) haben wir gesehen, dass normale Wässer (Leitungswasser, Flusswasser, Mineralwasser usw.) dasselbe lineare Spektrum des Wassermoleküls aufweisen, während bei Lichtwässern von der Feder des Geräts ganze schwarze Streifen aufgezeichnet werden, weil der Sensor schnell zwischen dem höchsten und dem tiefsten Wert der Messskala oszilliert. Diese Streifen sind in der Breite und in ihrer Position im Spektrum unterschiedlich je nach dem untersuchten Lichtwasser. Elektroskopisten und Instrumenttechniker waren nicht in der Lage, Erklärungen für dieses einzigartige Verhalten zu liefern.

Eine Hypothese ist die, dass diese Wässer in der Lage sind, innerhalb von bestimmten Spektrumsbereichen elektrische ‹Störungen› hervorzurufen. Falls dies zutrifft, warum dann nur in bestimmten Bereichen, die bei jedem Lichtwasser anders liegen? Vielleicht treten sie in Resonanz zu der infraroten Lichtquelle des Fotospektrometers, das die verschiedenen Frequenzen erzeugt?

Fasziniert von diesen Ergebnissen, die nicht leicht zu deuten sind, habe ich eine Reihe von weiteren Tests vorbereiten lassen (nuklearmagnetische Resonanz; ultraviolettes Spektrum, Oberflächenspannung, polarisiertes Licht). Der Schluss, zu dem ich bisher gelangt bin: Alle von mir benutzten Geräte strahlen ein elektromagnetisches Feld ab, das mit den Lichtwässern interferiert und das ‹Bild› verdunkelt oder unleserlich macht; sie sind also zu diesem spezifischen Zweck unbrauchbar. Außerdem sind unsere Instrumente nicht sensibel genug, sodass wir wahrscheinlich die sehr geringen und ‹feinen› Energien nicht zu messen imstande sind.

Die Forschungen zu diesem Thema gehen jedenfalls in meinen Labors weiter, und ich hege die Hoffnung, Methoden zu finden, die auf geeignete Weise die Eigenschaften der Lichtwässer messen.«

Hierzu noch eine kurze Anmerkung: Es hat den Anschein, als verhielte sich Wasser in der Natur anders als im Labor! Zumindest ist es keineswegs leicht, die natürlichen Gegebenheiten im Labor zu reproduzieren. Viktor Schauberger ist es zwar gelungen, die natürliche Wirbelbewegung des Wassers zu wiederholen, aber solange man von den natürlichen (kosmischen) Rhythmen absieht, denen Wasser außerhalb des menschlichen Einflusses folgt, wird man wahrscheinlich nur Teilresultate erzielen können.

RESONANZ ODER: WAS MACHEN ZWEI STIMMGABELN, WENN SIE SICH TREFFEN?

Wenn eine Stimmgabel auf ein hohes A gestimmt ist und die andere auf ein tiefes C, und eine von beiden wird berührt, dann passiert nichts weiter, als dass diese anfängt zu schwingen und einen Ton abzugeben. Wenn aber beide Stimmgabeln auf die gleiche Note gestimmt sind, dann passiert etwas höchst Interessantes: Wenn man die eine berührt und zum Klingen bringt, dann singt die andere gleichzeitig mit! Und wenn wir eine beliebige Anzahl von Stimmgabeln der gleichen Tonart auch in gebührender Entfernung voneinander verteilen und nur eine davon berühren, dann erfüllt sich sogleich der Raum mit dieser Note, die von allen Stimmgabeln gleichzeitig »gespielt« wird.

Man nennt dieses Phänomen »Resonanz«. Voraussetzung für Resonanz ist Gleichheit der physikalischen Merkmale, insbesondere gleiche Frequenz. Nicht umsonst spricht man ja auch von der »gleichen Wellenlänge«, wenn zwei Menschen sich gut verstehen... Und wenn ein Saiteninstrument »gestimmt« wird, dann müssen die Frequenzen und die Harmonik übereinstimmen. Dabei ist die Frequenz einer so genannten Harmonischen (in der Musik auch Obertöne, in der Physik Oberwellen genannt) ein Vielfaches einer Grundfrequenz (vgl. Seite 34, 54).

Resonanz ist allerdings nicht nur für Musiker interessant. In der Technik kommt sie ständig zur Anwendung.

Der Medizin-Physiker Dr. Wolfgang Ludwig (vgl. Seite 26) erklärt dazu: »Die Unwucht einer Turbine, das heißt sich regelmäßig wiederholende Abweichungen, kann durch die ständige, gleichbleibende Vibration auch die Fundamente so stark in die gleiche Schwingung versetzen, dass sich in Letzteren Risse bilden. Wenn die gleiche Schwingung noch weiter einwirkt, kann es zur so genannten Resonanzkatastrophe kommen, das heißt zum Aufbersten und Zerbrechen des Fundamentes. Im Wasser, in der so genannten Phase II [vgl. Seite 18], in der sich die Moleküle in geordneter Verteilung als Cluster befinden, kommt es im Kleinen zu ähnlichen Wirkungen. Mit anderen Worten, die Wasserstoffbrücken werden unter bestimmten Umständen aufgebrochen und so stark in Schwingung versetzt, dass eine bleibende Veränderung in der Struktur des Clusters zu verzeichnen ist.«

Wenn Sie eine Schale mit Wasser auf einen Lautsprecher stellen, werden Sie bald regelmäßige Muster auf der Wasseroberfläche entdecken. Das Wasser ist in Resonanz mit den Schallwellen getreten. Noch deutlicher sehen Sie es, wenn Sie eine Alufolie auf den Boden der Schale legen. Die »Resonanzfreudigkeit« des Wassers ist unter anderem die Erklärung dafür, dass in Gegenwart von dieser außergewöhnlichen Flüssigkeit biochemische Reaktionen

Wasser-Klang-Bild bei einer Frequenz von 1339 Hertz.
(Foto: Alexander Lauterwasser)

eingeleitet und beschleunigt werden. Interessant hierzu auch die Untersuchungen von Herbert Frohlich über die Resonanz unter oszillierenden Systemen.

Andere Beispiele sind hinlänglich bekannt: Enrico Caruso beispielsweise unterhielt seine Gäste häufig damit, dass er ein Kristallglas zum Bersten brachte, indem er kräftig hineinsang. Auch wieder ein Resonanzphänomen.

Man kann also durch Resonanz, das heißt durch gleiche Wellenlänge/Frequenz die Wirkung jeder natürlichen Schwingung anregen und verstärken. Dabei kann Resonanz sowohl aufbauend als auch zerstörend wirken. Dr. Ludwig beschrieb dazu einen Test, bei dem er die genauen Schwingungen von homöopathischen Präparaten ermittelte. Er setzte dann diese Präparate einer bestimmten Schwingung in einem sehr schwachen elektromagnetischen Feld aus. Mehrfache Kontrollen bestätigten das unglaubliche Ergebnis: Die zuvor vorhandenen Informationen waren vollkommen gelöscht und durch andere ersetzt worden!

Auf unseren Körper bezogen: Wenn etwas in Unordnung geraten ist, das heißt, wenn ein Organ oder Gewebe nicht mehr auf der »Note« oder »Tonhöhe« oder Frequenz schwingt, die für seinen gesunden Zustand typisch ist, dann können wir ihm helfen, indem wir, einem Souffleur ähnlich, die richtige Frequenz wieder suggerieren. In den meisten Fällen »besinnt« sich das Organ oder Gewebe wieder auf seine ursprüngliche Wellenlänge und Frequenz. Es kann dann seinen normalen Funktionsrhythmus wieder aufnehmen, ohne dass ihm Stoffe verabreicht wurden, die unter Umständen unerwünschte Nebenwirkungen haben können.

DIE HARMONISCHE SCHWINGUNG

Eine noch genauere Messung, die weitgehend Aufschluss über die Art eines Ungleichgewichts, einer Erkrankung gibt, ist die der so genannten Harmonischen. Um es noch einmal am Beispiel der Musik zu verdeutlichen: Auf der Tastatur des Klaviers befinden sich mehrere C. Alle haben sie die gleiche Grundschwingung, aber sie liegen jeweils um eine oder mehrere Oktaven höher oder tiefer. Wenn man ein tiefes C anschlägt, dann schwingen und ertönen auch alle anderen C, die darüber liegenden Oktaven und die so genannten Obertöne. Und wenn man ein hohes und ein tiefes C gleichzeitig anschlägt, erhält man einen Gleichklang, eine harmonische Mischung gleicher Töne auf verschiedenen »Stimmlagen«. Außerdem nimmt unser Ohr wahr, ob die Klaviertasten jeweils stark, mäßig oder nur schwach angeschlagen werden, denn die Tonintensität variiert dementsprechend.

Die gleichen Regeln sind auch auf andere Bereiche anwendbar, zum Beispiel auf die elektromagnetischen Schwingungsphänomene in festen oder flüssigen Körpern, die ebenfalls eine charakteristische Grundschwingung und ihre Harmonischen zeigen.

Der Mathematiker und Physiker Howard Witten, Professor an der Universität Princeton, belegte mit einer Serie von Formeln seine Theorie der »Super Strings«, nach der das Universum mit einem riesigen Musikinstrument vergleichbar ist, in dem die Saiten in verschiedenen Harmoniken schwingen. Er berechnete neun Dimensionen, außer der der Zeit.

Diese Theorie deckt sich mit den Messungen von Dr. Enza Ciccolo, die in den Lichtwässern ebenfalls neun grundlegende Schwingungsebenen und entsprechende Harmonische feststellen konnte. Diese können mit bestimmten Beschwerden und Krankheiten in Verbindung gebracht werden (vgl. Seite 54). Bei der Beschreibung der einzelnen Lichtwässer sind jeweils die typischen Schwingungsebenen mit ihren Harmonischen angegeben. (Verschiedene Forscher haben auch andere Einteilungen der Dimensionen vorgeschlagen; so zum Beispiel sprechen Walter Dröscher und Burkhard Heim von zwölf Dimensionen, die sich dann in Varianten und Wechselwirkungen noch ausweiten.)

DIE FREQUENZ

»Alles schwingt«, könnte man das antike »panta rei (alles fließt)« im Sinne der modernen Atomphysik abwandeln. Jedem Stoff ist eine spezifische Schwingung eigen, die gemessen und in Frequenz (Hertz, Hz) beziehungsweise Wellenlänge (Nanometer, nm) ausgedrückt werden kann.

Am Ausdruck Wellenlänge ist übrigens zu ersehen, dass eine Eigenschaft der Energie seit langer Zeit bekannt ist: nämlich, dass sie sich stets wellenförmig bewegt! Dies ist sonst typisch für Wasser oder Flüssigkeiten, die Wasser enthalten.

Zurück zum Beispiel der Musik: Es gibt sieben Grundnoten. Alles, was darüber oder darunter liegt, ist lediglich eine Wiederholung dieser Noten in anderen Harmoniken. Oder auf das Farbspektrum bezogen: Weißes Licht bricht sich (zum Beispiel im Regenbogen) in sieben Grundfarben. Alle anderen Farben und Nuancen sind eine Mischung aus diesen.

Es gibt »saubere« oder »klare« Farben oder Töne und andererseits unharmonische Mischungen, wobei man allgemein feststellen kann, dass Harmonie gleichbedeutend mit Gesundheit und Wohlbefinden ist, während Disharmonie Ausdruck von Unausgewogenheit und Krankheit ist. Jedes Organ und Gewebe unseres Körpers hat, in natürlichem, gesundem Zustand, eine spezifische Schwingungsfrequenz. Diese Frequenzen umfassen vor allem sieben Bereiche (A–G) von 2,5 bis 160 Hz, die bei einzelnen Lichtwässern in unterschiedlicher Ausprägung vorkommen (vgl. Seite 49).

DIE ENERGIEART

Die heutige Technik benutzt im Allgemeinen zwei Energieformen, die im Allgemeinen zusammen vorkommen: Elektrizität und Magnetismus. Selbst wenn wir von »elektrischem Strom« sprechen, beziehen wir uns doch immer auf Leitungen oder auf Geräte, die notgedrungen ein elektromagnetisches Feld erzeugen und von diesem umgeben sind.

Unser alltäglicher Umgang mit dem Elektromagnetismus lässt uns vergessen, dass es noch andere Energiearten gibt, die allerdings noch relativ wenig erforscht und bislang von der menschlichen Technik noch nicht genutzt sind.

In diesem Buch sprechen wir häufig über »polarisierte« Energie, wie im Sprachgebrauch der Aurikulotherapie und Aurikulomedizin üblich. Damit ist die im Kosmos »übliche« Energie gemeint; eine Art gebündelte Energieform, die wahrscheinlich rationeller und vielfältiger ist als das, was wir als Energie kennen. Jedenfalls wird in diesem Zusammenhang die polarisierte Energie als der Ursprung, die Matrix der elektrischen und der magnetischen Energie angesehen.

DIE WIRKUNG DER LICHTWÄSSER AUF DEN KÖRPER

Rein chemisch betrachtet unterscheiden sich Lichtwässer in keiner Weise von anderen Wässern. Das gilt zumindest für die ersten Stunden nach der Mikroinformation von Leitungs-, Quell- oder anderem Wasser.

Auch die physikalischen Messungen, die bislang durchgeführt wurden, ergeben auf den ersten Blick keine drastischen Unterschiede. Andere Auswirkungen, wie Veränderungen des pH-Wertes und der Resistivität von »informierten« Wässern, sind bei manchen Lichtwässern ausgeprägter als bei anderen, sind also auch nicht generell aussagekräftig.

Interessantere Ergebnisse erhält man, wenn man die Wirkungen auf organische Strukturen misst und vergleicht. Das Voll-Gerät beispielsweise verzeichnet den energetischen Zustand des Patienten vor und nach einer Behandlung, eine Messmethode, die bisher auf den Menschen beschränkt ist.

In jedem Fall verblüffend und ausgesprochen auffallend ist hingegen die Veränderung, die in einem bestimmten Zeitraum an den mit Lichtwässern behandelten Organismen vor sich geht. (Unter Organismen verstehen wir hier nicht nur den Menschen, sondern auch Tiere, Pflanzen, Lebensmittel, Erde, Seen und allgemein die Umwelt.) Auf diesem Gebiet sind bisher die interessantesten Untersuchungen durchgeführt worden. Ein weiteres Beispiel: Lichtwässer produzieren Hefegärung. Mit solchem Wasser angerührtes Mehl geht außerordentlich gut auf, und die daraus hervorgegangene Hefe überlebt auch bei sehr hohen Temperaturen, ist also im Brot noch lebendig vorhanden und hat weiterhin bakterienhemmende Eigenschaften.

Normalerweise ist die Leitfähigkeit von Lichtwässern besonders hoch, und der pH-Wert ist amphoter, das heißt, sie verhalten sich je nach Terrain wie Säuren oder wie Basen.

Devitalisierte Kleinstlebewesen sterben in Leitungswasser oder destilliertem Wasser, aber beleben sich wieder in Lichtwasser.

Krankheitserreger verlieren ihre Aggressivität, wie durch den Agglutinationstest bewiesen wurde.

Die Entdeckung der Lichtwässer

Die Entdeckung der Lichtwässer ist einer Mailänder Biologin, Dr. Enza Ciccolo, zu verdanken. Sie ist Biologin und Wissenschaftlerin und hat mit den prestigereichsten Forschungsinstituten Italiens (Universität Pisa, Institut Mario Negri) zusammengearbeitet. Wie viele Forscher der Vergangenheit und der Gegenwart fragte sie sich nach dem Ursprung des Lebens und nach den tieferen Ursachen von Krankheit und Gesundheit, von Harmonie und Disharmonie. Und wie jeder ernsthafte Forscher vertiefte sie ihre Studien ständig, indem sie einerseits das untersuchte, was andere gefunden hatten, aber sich gleichzeitig auch bemühte, neue Möglichkeiten zu entdecken, die gleichen Dinge von anderen Gesichtspunkten aus zu beleuchten.

Nach ihrer Doktorarbeit besuchte sie unter anderem sieben Jahre lang in Lyon die Kurse von Dr. Paul Nogier, um seine Technik der Aurikulotherapie und Aurikulomedizin zu studieren. Diese Diagnose- und Behandlungstechnik ist eine Art Ohrakupunktur, bei der ein empfindlicher Sensor, ein »Stift«, dem Ohr genähert wird. Nach Nogiers Konzept stehen bestimmte Areale der Ohrmuschel in Beziehung zu bestimmten Organen und Bereichen des gesamten Körpers. Auf der Grundlage von Reaktionen des Pulses und der Veränderung des elektrischen Widerstands der Haut nach der Reizung bestimmter Punkte an der Ohrmuschel entwickelte Nogier ein individuelles Behandlungskonzept. Wichtig ist hierbei die Resonanz lebender Gewebe mit den Lichtfrequenzen.

Anfang der achtziger Jahre reiste Enza Ciccolo ständig mit verschiedenen Messgeräten (Frequenzmessern, Mikrolaser und Infrarotmessern) und vermaß damit so ungefähr alles, was ihr begegnete. Untersucht wurden vor allem die »energetischen Aspekte« der verschiedenen Phänomene, die nicht von den fünf Sinnen erfasst werden, aber auf Grund von biochemischen Vorgängen und Reaktionen durch Geräte erfassbar sind. So stieß sie auch auf Phänomene, die sie ursprünglich gar nicht erwartet hatte und nach denen sie auch nicht direkt geforscht hatte. Dabei handelte es sich unter anderem um Phänomene, die sie selbst später als geistiger Art einstufen sollte.

IN LOURDES

Im Sommer 1984 verbrachte sie mit ihrer Familie einen Urlaub in Südfrankreich. Als sie eines Tages wie üblich ihre Instrumente benutzte, bemerkte sie mit Entsetzen, dass diese nicht mehr funktionierten. Als sie es ein paar Stunden später, nachdem ihre Familie schlafen gegangen war, wieder versuchte, waren die Geräte voll funktionstüchtig. Allerdings war die Enttäuschung umso größer, als am nächsten Morgen wieder überhaupt nichts mehr lief und keinerlei Messung möglich war. Dafür war dann am späten Abend wieder alles normal.

Schließlich entdeckte Enza Ciccolo, dass die Geräte gar nicht »kaputt« waren, sondern dass die Messwerte tagsüber lediglich weit oberhalb der Skala lagen, also nicht mehr erfasst werden konnten, aber abends wieder »normal« wurden. Nun häuften sich die Fragen. Gab es an diesem Ort eine Energieform, die tagsüber so stark zunahm, dass die Messinstrumente überfordert waren? Worum konnte es sich dabei handeln? Um die Erde, um die Luft, um einige Details oder um den gesamten Ort? Konnte es womöglich damit zusammenhängen, dass sich ganz in der Nähe Lourdes, ein weltberühmter Wallfahrtsort, befand?

Diese Möglichkeit war natürlich nicht grundsätzlich auszuschließen, und Enza Ciccolo begab sich sofort in das nahe gelegene Lourdes, um auch dort ihre Messungen durchzuführen. In dem traditionsreichen Wallfahrtsort erwartete sie gleich mehr als eine Überraschung! Was einer Biologin wie ihr zunächst den Atem verschlug, war die Tatsache, dass Menschen mit allen möglichen Krankheiten (u.a. auch Hautkrankheiten) in das gleiche Becken eintauchten oder eingetaucht wurden, also im gleichen, stehenden und übrigens nicht besonders sauber aussehenden Wasser badeten. Wieso war das nicht verboten? Kamen denn die Leute nicht kränker, mit allen möglichen ansteckenden Krankheiten, nach Hause zurück?

Offenbar war das Gegenteil der Fall. Man sagte ihr, dass alljährlich Zehntausende von Pilgern dort eintreffen und dass viele von ihnen geheilt würden. Nicht nur in der Psyche (dies ließe sich ja immerhin leicht durch die Kraft des Glaubens erklären), sondern auch in den Gebrechen des Körpers. Ein strenges Gremium von Ärzten, Anwälten und Geistlichen untersucht jährlich Hunderte von Heilungen, die medizinisch als »Spontanheilungen«, also nur durch ein »Wunder« erklärt werden können.

Enza Ciccolo untersuchte daraufhin das Wasser des Beckens und der Grotte (wo es allerdings klar und rein entspringt) und nahm auch Proben davon mit, um sie zusätzlich mit eigens von ihr entwickelten Methoden zu testen. Desgleichen entnahm sie Proben von Erde und von Felsstücken an verschiedenen Stellen, in der Nähe der Erscheinungsgrotte, wo nach katholischer Tradition im 19. Jahrhundert die Jungfrau Maria einem Mädchen namens Bernadette erschienen sein soll, und in zunehmender Entfernung.

Dabei entdeckte sie, dass das Wasser sowie der Boden in der unmittelbaren Umgebung, der von dem Quellwasser getränkt war, auf den Resonanztest »antworteten«, und zwar auf die Frequenzen der lebenden Gewebe, allerdings mit höheren Schwingungsebenen. Alle sieben typischen Frequenzen des Lichts waren vorhanden, also ungewöhnlicherweise das gesamte Lichtspektrum. War dies womöglich die Erklärung dafür, dass sich die Menschen im Lourdesbecken nicht ansteckten? Die Biologin ließ dann auf eigene Kosten in unabhängigen Universitätslabors (z.B. am Institut für Hydrologie an der Universität Mailand) den Piccardi-Test und die Kolloidaltests mit Goldsalzen durchführen, welche bestätigten, dass es sich tatsächlich um ein ganz besonderes Wasser handelte.

In der Folge erwiesen andere Tests, dass sich tatsächlich Bakterien und andere Mikroorganismen im Lourdeswasser anders verhalten als in »normalem« Wasser. Wenn man nämlich ein Antigen mit einem Antikörper zusammenbringt, dann ergibt sich normalerweise eine Agglutination, weil das Antigen aggressiv ist. Wenn sich beim gleichen Test keine Agglutination zeigt, dann bedeutet dies, dass die Mikroorganismen ihre Aggressivität verloren haben oder, für den Laien ausgedrückt, »harmlos« geworden sind.

Bei den zahlreichen Tests mit den Goldsalzen wurde unter anderem auch festgestellt, dass sich dieses Wasser unter bestimmten Bedingungen »fortpflanzen« lässt, und zwar auf unbeschränkt viele »Generationen«.

DER GOLDENE SCHNITT

Enza Ciccolo versuchte zu ergründen, was, vom energetischen, physikalischen Gesichtspunkt aus Lourdes so eigentümlich machte. Dabei stieß sie auf eine große Anzahl von Besonderheiten, die wiederum zu neuen Überlegungen, Berechnungen, Versuchen und Thesen führten. Zum Beispiel entdeckte sie, dass die ganz besondere und extrem starke »Energie« des Ortes nicht etwa eine vage »Wolke«, ein unförmiges Etwas ist, sondern ein Energiefeld mit einer präzisen geometrischen Form. Das Verhältnis der verschiedenen Längen und die Winkelmaße entsprechen dem goldenen Schnitt, dem griechischen Phi, das heißt, wir finden dort die Verhältnisse der so genannten irrationalen Zahlen, die wir von altgriechischen Tempeln und Phidias' Statuen kennen und deren unsterbliche und atemberaubende Harmonie uns noch heute fasziniert.

Genauer gesagt verteilt sich die Energie des Ortes in Lourdes in Pyramidenform, allerdings nicht mit der uns von den ägyptischen Pyramiden bekannten quadratischen Basis, sondern mit Rhomboidbasis. Interessanterweise hat von den zahlreichen bisher bekannten ägyptischen Pyramiden eine einzige eine Rhomboidbasis (Rautenform als Grundriss). Es handelt sich um die so genannte Rote Pyramide (um 2600 v. Chr.) in Dahshur, dreißig Kilometer südlich von Kairo, die erst im Juli 1996 der Öffentlichkeit zugänglich gemacht wurde, weil sie sich auf einem bis dahin von Militär besetzten Gebiet befand. Sie ist die zweitgrößte ägyptische Pyramide überhaupt, die erste Pyramide mit glatten Seiten und älter als die Pyramiden mit quadratischer Basis.

Die Besonderheiten in der Ausrichtung der Magnetfelder, im Innern von Pyramiden, sind allgemein bekannt. Weniger bekannt ist, dass in Pyramiden mit quadratischer Basis die Energie nur in einer Richtung fließt und stagniert, was die Verwesung aufhält und mumifiziert. In Pyramiden mit rhomboider Basis kommt es nicht nur zur Sammlung, sondern auch zur Verbreitung der Energie und einem Fluss sowohl von oben nach unten als auch von unten nach oben, was sich auf lebende Organismen ganz anders auswirkt.

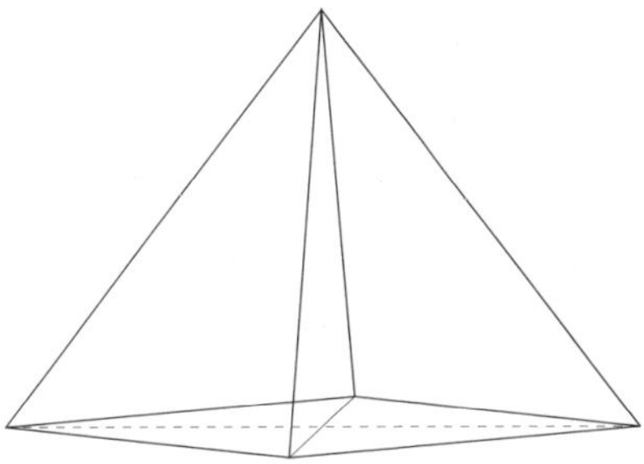

Der goldene Schnitt: Die Rhombus-Basis dieser schematischen Pyramide in Verbindung mit den idealen Verhältnissen von Seitenlängen und Winkeln hat einer Verbreitung der im Inneren »eingefangenen« kosmischen Energie zur Folge.

Auch andere Forscher haben, unabhängig voneinander, außergewöhnliche Phänomene und Formen von Energie an bestimmten Orten angetroffen (siehe Seite 43). Und zahlreiche Forschungen wie auch praktische Anwendungen sind rund um die Maße des Pi und Phi im Gange (etwa zum Thema des gesunden Wohnens, zur Form von Behältern von Heilmitteln und um die schädlichen Auswirkungen von Elektrosmog zu mindern).

Harmonische Formen sprechen uns allgemein als »schön« an, unabhängig von unserer Herkunft, Tradition und Vorbildung. Das Leben selbst entwickelt sich stets unter Beachtung dieser »mathematischen Formeln«, der genauen Beziehungen der Maße untereinander. Die unendliche Reproduktion des Lebens – und auch der Lichtwässer – ist nur dank der Maße Pi und Phi möglich, und diese Wässer stellen auch in unserem Körper die Harmonie der Maße wieder her.

IST DAS PHÄNOMEN LOURDES EINMALIG?

Das war natürlich eine der vielen Fragen, die Enza Ciccolo sich von Anfang an stellte. Lourdes war sicherlich etwas Besonderes, aber möglicherweise gab es noch mehr solcher Orte. Wie konnte man sie ausfindig machen? Eine Möglichkeit war, nach weiteren Wallfahrtorten zu forschen, an denen laut Angaben der Gläubigen Wunderheilungen stattfanden. Diese Hypothese erwies sich als recht fruchtbar. Innerhalb relativ kurzer Zeit brachten ihr Bekannte und Freunde, aber auch ihr bis dahin vollkommen unbekannte Menschen Hunderte von Wasserproben aus aller Welt. Einige davon »antworteten« positiv auf den Resonanztest: Sie waren resonant auf bestimmte Lichtfrequenzen.

Einige wenige waren, genau wie das Lourdes-Quellwasser, resonant auf alle sieben Lichtfrequenzen, andere nur auf eine oder zwei Frequenzen. Bei den Tests stellte sich unter anderem heraus, dass nur die Wasser, die auf das gesamte Lichtspektrum resonant sind, reproduzierbar sind. Viele Wässer haben also entschieden interessante therapeutische Aspekte »vor Ort«, das heißt dort, wo sie entspringen, sind aber in der Anwendung dadurch begrenzt, dass man sie nicht beliebig vermehren kann.

Lichtwässer sind also unter anderem nur dann als solche zu bezeichnen, wenn sie auf alle sieben Frequenzen des Lichtspektrums resonant sind.

Ein weiterer gemeinsamer Faktor ist die Reaktion auf den Goldsalz-Kolloidal-Test, die sich deutlich von der Reaktion anderer Wasser unterscheidet.

Weiterhin sollten Wässer, um als »Lichtwasser« angesehen zu werden, zwei weitere Merkmale aufweisen:

- Rechtsspin (vgl. Seite 28 f.)
- Polarisierte Energie (vgl. Seite 36)

Wenn also Wässer oder Wasseraufbereitungsgeräte angeboten werden, wie dies inzwischen stark verbreitet ist und auch einem reellen Bedürfnis der Menschen nach gutem Trinkwasser entspricht, dann sollte man sich vielleicht einige Qualitätsmerkmale vor Augen halten. »Belebte« Wässer können durchaus sinnvoll sein, wenn sich der Spin zumindest im Gleichgewicht +/– befindet; Rechtsspin und auch polarisierte Energie sind recht selten anzutreffen. Weder die elektrische noch die magnetische Energie sollten jedoch zu stark sein; unser Organismus ist ja diesbezüglich schon allzu sehr belastet.

Weiter sollte man es vermeiden, gewohnheitsmäßig »gestresstes« Wasser zu trinken. Jede Methode, Wasser Mineralien, Schadstoffe oder Keime zu entziehen, die nicht den Möglichkeiten entspricht, die die Natur selbst anbietet, um Wasser zu reinigen, bringt eine Zerstörung der natürlichen Wasserstrukturen und Chaos mit sich. Es braucht oft sehr lange, bis sich das

Wasser hiervon wieder erholen kann – längere Zeit, als die, die wir ihm zur Verfügung stellen, bevor wir es trinken oder sonstig verwenden.

HABEN DIE LICHTWÄSSER MIT RELIGION ZU TUN?

Seit der ersten Entdeckung eines Lichtwassers, in Lourdes im Jahre 1984, sind zahlreiche weitere Lichtwässer gefunden worden. Viele dieser Wässer stammen von mehr oder weniger bekannten Wallfahrtsorten, zum großen Teil Marienerscheinungsorten. Dies lässt natürlich die Frage aufkommen, ob »man daran glauben muss« und ob es sich etwa um einen Placeboeffekt handelt. Dazu lässt sich allgemein sagen, dass es sich nicht um Placeboeffekt handeln kann, weil sich die Wirksamkeit der Lichtwässer auch auf die Tier- und Pflanzenwelt erstreckt.

Aus der Tatsache, dass viele Lichtwässer an »Erscheinungsorten« gefunden wurden, muss aber nicht geschlossen werden, dass sie nur dort vorhanden sind. Tatsächlich besitzen viele in den letzten Jahren aus aller Welt – und nicht nur aus Wallfahrtsorten – zusammengetragene Wässer Eigenschaften, dank denen man sie ohne weiteres zu den Lichtwässern rechnen kann.

Damit soll dem Einfluss, den der Glaube auf Gesundheit und Gesundung haben kann, kein Abbruch getan werden. Wir wollen nur grundsätzlich davon ausgehen, dass Lichtwässer vorurteilslos und bedingungslos wirken, ohne dass hiermit irgendeine bestimmte religiöse Vorstellung verknüpft werden müsste.

Allerdings deuten einige Erhebungen klar darauf hin, dass es sich bei der an Orten wie Lourdes und vielen anderen mehr gemessenen »Energie« nicht um rein materielle Energie handelt (obwohl diese auch mit materiellen Geräten erfasst werden kann). So hat zum Beispiel Professor Boguslaw Lipinki Ph. D., D. Sc. von der Universität Harvard, USA, im März 1985 in Medjugorje (Ex-Jugoslawien) an fünf aufeinander folgenden Tagen, aber nur zu bestimmten Zeitpunkten ungewöhnlich hohe Energiewerte und ionisierende Strahlungen gemessen. Das von ihm benutzte Gerät, ein Elektroskop, Modell BT-400 Biotech aus Kanada, war ursprünglich konstruiert worden, um Luftionisierung und nukleare Strahlungen zu messen. Seine Skala misst Rad pro Stunde; normalerweise findet man 0 bis 15 Rad pro Stunde. In Medjugorje fand er an bestimmten Stellen und zu bestimmten Zeiten Werte bis zu 100 000 Rad pro Stunde; dabei konnte es sich selbstverständlich nicht um eine nukleare Verseuchung (etwa durch ein defektes Atomkraftwerk) handeln, sonst wären alle Menschen, die sich dort befanden, in kurzer Zeit an den Folgen der Strahlungen gestorben. Auch die Möglichkeit von elektrostatischen Störungen konnte mit Sicherheit ausgeschlossen werden. Prof. Lipinski schloss daraus, dass es sich um eine »UTE« (Unknown Form of Energy, unbekannte Energieform) handle, aller Wahrscheinlichkeit nach um eine Form geistiger Energie (er nannte sie auch SE, Spiritual Energy).

Ist es nun so, dass manchen Orten eine solch starke Energie bestimmter Art oder Form innewohnt, dass sich dort spontan religiös gestimmte Menschen einfinden und Kapellen oder Tempel errichten? Oder hat zu einem bestimmten Zeitpunkt dort ein Ereignis stattgefunden, das dem Ort ein energetisches Gedächtnis oder Vermächtnis hinterlassen hat? Oder aber hat das wiederholte Zusammenfinden von betenden oder allgemein geistig orientierten Menschen diesem Ort etwas aufgeprägt, das in der Folge auch von anderen wahrgenommen wird?

Man mag darüber denken, wie man will, es ändert nichts an dem Phänomen Lichtwasser. Wasser ist seiner Natur, seiner ungewöhnlichen Struktur nach wahrscheinlich die ideale »Brücke«, die Verbindung zwischen materiellen und feineren Schwingungen herzustellen.

Lichtwässer sollten gänzlich unbefangen und unvoreingenommen ausprobiert und benutzt werden. Ein tieferes Verständnis, das in jedem Fall wünschenswert und nützlich ist, wird sich schon dadurch einstellen, dass man die Wässer gezielt und rhythmisch einsetzt und ihnen somit gebührende Aufmerksamkeit widmet.

DIE HERKUNFT DER BASIS-LICHTWÄSSER

Die hier vorgestellten Wässer stammen alle ursprünglich aus Orten, die auch eine starke religiöse Beziehung haben. Sie wurden alle bereits vor mehr als fünfzehn Jahren entdeckt, wurden langfristigen und gründlichen Forschungen unterworfen und werden seitdem praktisch auf der ganzen Welt zu den verschiedensten Zwecken, vor allem aber zur Therapie, herangezogen.

Lourdes

In Lourdes (Südfrankreich) wurde wie erwähnt das erste Lichtwasser gefunden. Das ursprünglich kleine Dorf am Fuß der Pyrenäen, heute ein stattlicher Ort mit rund 18 000 Einwohnern und etwa 40 000 Betten für Besucher, ist vermutlich der meistbesuchte christliche Wallfahrtsort der Welt. Die Grotte war bereits zu vorchristlicher Zeit ein »besonderer« Ort, wo religiöse Kulte gepflegt wurden. Am 11. Februar 1858 und in der Zeit danach erschien hier der damals vierzehnjährigen Bernadette Soubirous die Muttergottes, die laut Bernadette »Unbefleckte Empfängnis« genannt werden wollte und dem Mädchen einige Geheimnisse und Aufträge anvertraute.

Die Lourdespilger, die seither den Ort besuchen und wohl auch in das Wasserbecken eintauchen und oft geheilt werden, berichten häufig, dass sie nach Verlassen des Beckens gleich wieder trocken sind. Die Wunderheilungen von Lourdes gehen nach Angaben von Gläubigen in die Tausende; nur wenige davon sind von der strengen Kommission der katholischen Kirche als echte Wunder anerkannt worden.

Lourdeswasser wird in großen Mengen an die Pilger verkauft, allerdings meist in Plastikgefäßen und ohne jegliche Anwendungshinweise. Jeder kann sich selbst an den Brunnenhähnen bedienen. Die Quelle ist mit einer Kristallplatte abgedeckt, die nur gelegentlich zur Reinigung abgehoben wird.

Montichiari

Montichiari bei Brescia (Oberitalien) ist seit 1947 als Marien-Wallfahrtsort bekannt. Eine »Sehende«, die Krankenschwester Pierina Gilli, hatte hier seit dem Frühjahr 1947 mehrere Erscheinungen, zunächst im Krankenhaus von Montichiari und dann in der Pfarrkirche im Beisein vieler Menschen. Seit dem Frühjahr 1966 auch im Ortsteil Fontanelle, wo die »Madonna der Mystischen Rose« das Wasser heilsam machte: Die Gottesmutter berührte das Wasser und wünschte, dass hier ein Brunnen und ein Wasserbecken gebaut würden, damit Kranke Heilung finden könnten – was auch geschah.

Eine Eigentümlichkeit in Montichiari, die bisher nur an einem weiteren Ort, in Santa Maria alla Fontana in Mailand, entdeckt wurde: Das Wasser, das viele Pilger von dort mit nach Hause nehmen (leider oft in Plastikflaschen) ist eine natürliche Mischung von zwölf einzelnen Quellen. Jede dieser Quellen führt Lichtwasser, aber in jeweils etwas anderer Zusammensetzung. Jede Einzelne hat ein hoch interessantes spezifisches therapeutisches Anwendungsgebiet.

Bis vor wenigen Jahren war Montichiari noch ein bezaubernder Ort, abgelegen, inmitten einer grünen Hügellandschaft. Vor allem an Wochentagen traf man dort nur gelegentlich Besucher an, meistens einen oder zwei Busse aus Frankreich oder aus Deutschland mit Menschen, die sich ruhig und gesammelt niederließen oder in Gruppen um ein in der Nähe stehendes riesiges Kreuz zogen. Heute ist der Ort zwar im Verhältnis zu anderen Wallfahrtsorten immer noch ruhig und auch von Andenkenhändlern und dergleichen verschont geblieben. Aber rings um die Quelle sind Sperren, und Schilder weisen an, in welcher Richtung man zu gehen hat, wo barfuss und wo nicht. Diese »Vereinnahmung« und Reglementierung mag manchen Menschen abschrecken.

Medjugorje

Die Erscheinungen in Medjugorje (Bosnien) haben seit ihrem Beginn nicht wenig Aufsehen in der ganzen Welt erregt. Seit dem 24. Juni 1981 ist hier jahrelang und täglich die Mutter Gottes in Gestalt der »Königin des Friedens« vier Jugendlichen begegnet. Auch heute noch »spricht« der eine oder andere dieser Menschen täglich oder regelmäßig mit ihr und gibt ihre Botschaften an die Gläubigen weiter. In manchen Ländern gibt es sogar Radiostationen und monatliche Bulletins, die diese Botschaften verbreiten, und im Internet findet man natürlich inzwischen auch Nachrichten.

Medjugorje ist in vieler Hinsicht ein Unikum, das sich deutlich sowohl von anderen Wallfahrtsorten als auch allgemein von »Lichtwasserorten« unterscheidet. Vor vielen Jahren wurde praktisch auf freiem Feld, ziemlich weit vom Ort entfernt, eine riesige Kirche erbaut, unverhältnismäßig groß für die wenigen Bewohner. Inzwischen ist sie allerdings zu klein geworden, vor allem an Feiertagen. Medjugorje als Ort der Sammlung und Meditation hat sich in den letzten Jahren stark verändert, und zwar nicht nur auf Grund der Kriegswirren in der Umgegend, die den Ort Medjugorje eigenartigerweise verschont haben. Von einem sehr ruhigen kleinen Ort ohne Touristenrummel ist es zu einem viel besuchten Wallfahrtsort geworden.

Eine andere Eigentümlichkeit: In Medjugorje wurde bisher noch keine Lichtwasserquelle gefunden. Allerdings lädt sich Wasser, das bei der Erscheinung zugegen ist, energetisch hochgradig und auf Dauer auf, wird zu einem Lichtwasser.

San Damiano

Die Tradition von San Damiano bei Piacenza (Norditalien) geht auf den 29. September 1961 zurück, an dem eine einfache Bäuerin seltsamen »Besuch« von einer schönen, aber sehr einfach gekleideten Dame bekam, die sie um ein Almosen für die Kirche von Padre Pio bat und sie von schwerer Krankheit heilte. Danach erschien die Besucherin der Bäuerin noch oft, aber nunmehr »majestätisch strahlend«. Seitdem versammeln sich dort vor allem am ersten Sonntag jedes Monats zahlreiche Betende. Im Übrigen handelt es sich um einen ruhigen, eher unscheinbaren Ort.

Fatima

Das fünfte der Basiswässer stammt aus Fatima in Portugal, das bereits seit 1917 ein weltberühmter Wallfahrtsort ist. 1916 wurden drei Hirtenkinder, die zehnjährige Lucia dos Santos, der neunjährige Francesco Marto und die siebenjährige Giacinta Marto, dreimal von einem Engel besucht, der ihnen ihre künftige Aufgabe als Boten der Madonna ankündigte. Die »Rosenkranzmadonna« erschien dann ab dem 13. Mai 1917 mehrfach, zum Teil in Anwesenheit von über zweitausend Menschen.

Die Geheimnisse, die den Kindern anvertraut wurden, gaben Anlass zu zahlreichen Spekulationen. Man sagt, einige dieser Geheimnisse seien nur dem Papst zugänglich gemacht worden, und eins davon betreffe den Untergang der kommunistischen Weltmacht.

1921 wurde in Fatima ein Brunnen gegraben, um den Durst der Pilger zu löschen. Seither werden diesem Wasser zahlreiche Heilungen zugeschrieben. Der Brunnen wurde mehrmals verschüttet; zeitweise können die Gläubigen nur von den städtischen Wasserhähnen schöpfen.

Santa Maria alla Fontana, Mailand

Um das Jahr 1200 flehte ein Vater die Gottesmutter um Beistand an, denn die Ärzte wollten das verletzte Bein seines Sohnes amputieren. Sie erschien ihm, und vor den Augen vieler Menschen gesundete das Bein des Sohnes sofort. Zum Dank ließ der Vater eine Kirche erbauen, die heute noch steht. Im Innenhof fließt Wasser aus elf Brunnen, von denen jeder auf spezifische Frequenzen besonders resonant ist. Das heisst, in jedem Fall besteht eine Resonanz auf alle sieben Frequenzen; die Wässer sind folglich reproduzierbar. Aber es herrscht jeweils eine Gruppierung von Energiearten und Frequenzen vor, ganz ähnlich wie bei den zwölf Quellen in Montichiari.

Der Hauptunterschied zum Montichiari-Wasser: bei Letzterem herrscht die »magnetische« Energieform vor, bei Santa-Maria-alla-Fontana-Wasser hingegen die »elektrische« Energieform.

Andere Merkmale wiederum lassen auf eine gewisse Ähnlichkeit zum Medjugorjewasser schließen.

Efeso, Palästina

In Efeso soll nach der christlichen Tradition die Gottesmutter die letzten Jahres ihres Erdenlebens verbracht haben.

Die Quelle, die entspringt, wo sie lebte, hat als Eigentümlichkeit, dass eine sehr starke Resonanz sowohl zur elektrischen wie zur magnetischen Energie besteht, die stark ausgleichende Wirkung auf Elektrosmog hat. Die Frequenz D ist besonders stark ausgeprägt.

Efeso-Wasser wird normalerweise nicht alleine angewendet, sondern zusammen mit anderen Lichtwässern.

Was die Lichtwässer gemeinsam haben, ist die Resonanz auf alle sieben Lichtfrequenzen. Was sie voneinander unterscheidet, ist unter anderem das Vorherrschen von einer oder zwei Frequenzen sowie von Merkmalen des Energietyps und der Schwingungsintensität, wodurch die Wässer im therapeutischen Bereich sehr differenziert und spezifisch wirken.

Die hier vorgestellten »Basiswässer« wurden so benannt, weil sie zusammen praktisch den gesamten Therapiebereich abdecken und zudem ganz unproblematisch auch von jedem Laien eingesetzt werden können.

Außerdem wichtig zu wissen

WASSER UND LICHT: DIE ZUTATEN DES LEBENS

Die Photosynthese der Pflanzen ist die unabdingbare Voraussetzung für das Leben auf unserem Planeten, auch für das Leben des Menschen. Die Sauerstoffproduktion kann nur vonstatten gehen, wenn sowohl Kohlendioxid als auch Licht und Wasser vorhanden sind.

Licht bewegt sich wellenförmig fort und setzt sich aus verschiedenen Frequenzen zusammen. Während zum Beispiel Tiefseealgen mit weniger Licht und einem unvollständigen Lichtspektrum auskommen können, ist für unsere Gesundheit das Vorhandensein des gesamten Lichtspektrums mit allen sieben Frequenzen unabdingbar, sonst kommen einige Gewebe und Organe zu kurz. Da künstliches Licht normalerweise nicht alle Frequenzen enthält, kann sich der ständige Aufenthalt in künstlich beleuchteten Räumen auf die Dauer ungünstig auf die Gesundheit auswirken. Dies erklärt unter anderem, warum Lichtwässer, die ja wie gesagt alle sieben Lichtfrequenzen »enthalten«, das heißt auf sie resonant sind, so ungemein wirksam in der Therapie sind.

KÖRPERGEWEBE UND ENTSPRECHENDE FREQUENZEN

Wie gesagt schwingen gesunde Gewebe und Organe auf einer präzisen und spezifischen Frequenz. Sicher fragen Sie sich daher: Sind meine Gewebe auf die richtige Frequenz »eingestellt«? Dies genauer zu untersuchen, war in gewisser Hinsicht erst im zwanzigsten Jahrhundert mit der Erfindung bestimmter Geräte möglich (wenn es auch im Grunde noch immer nicht besonders gut darum bestellt ist).

Mehrere Forscher haben sich eingehend mit unserer »energetischen Hülle« befasst, die zwar seit dem Altertum bekannt ist, aber wie gesagt bis vor wenigen Jahrzehnten eher intuitiv erfasst wurde. Heute weiß man, dass lebende Gewebe auf niedrigen Frequenzen schwingen, und zwar im Infrarotbereich, zwischen 1 und 160 Hertz. (Vergleichen Sie auch die Untersuchungen

Schwingungstyp	Frequenz in Hertz	Farbe der Frequenzfilter (mit Kodak-Nummer)	Körperbereich	Energieform	Keimblatt
A	2,5	Orange A22	undifferenzierte Gewebe (wie in der Eizelle zunächst vorhanden), Haut	elektrisch	Entoderm Mesoderm Ektoderm
B	5	Rot B 25	Stoffwechsel, Atmungsapparat, Verdauungstrakt	magnetisch	Entoderm
C	10	Gelb C4	Herz und Kreislauf, Geschlechts- und Harntrakt, Bewegungsapparat (Muskulatur, Skelett, Bindgewebe)	polarisiert	Mesoderm
D	20	Tangorot 23 A	Körpersymmetrie, Schwellkörper, Wirbelsäule, Nase	polarisiert	alle drei Keimblätter
E	40	Petrolblau 44	peripheres Nervensystem (in Armen, Beinen, Organen), Rückenmark, Leitung von Nervenimpulsen	elektrisch und polarisiert	Ektoderm Mesoderm
F	80	Blau Foncé 98	Gehirn: limbisches System, Regulation der unbewußten und automatischen Abläufe	elektrisch und magnetisch	Ektoderm Mesoderm
G	160	Magentarot 30	Großhirn (Hirnrinde), bewußter Gedanke, bewußte Steuerungsvorgänge	elektrisch	Ektoderm

und Messungen der Lichtwässer durch Prof. De Giglio, Seite 31 f. Und noch ein Anstoß zu Überlegungen: Ist es sinnvoll, in der Therapie – und sehr häufig auch in der Diagnose – beinahe routinemäßig mit ausgesprochen hohen Frequenzen zu arbeiten oder mit Frequenzen, die nicht denen unseres Körpers entsprechen?)

Es ist das Verdienst des französischen Arztes Paul Nogier aus Lyon, ein präzises Schema der Infrarotfrequenzen erarbeitet zu haben, das den natürlichen Gegebenheiten aller Gewebe und Organe gerecht wird.

Für ein besseres Verständnis der Eigentümlichkeiten und der spezifischen Anwendungsmöglichkeiten der Lichtwässer geben wir hier auf der Grundlage von Nogiers Arbeiten ein Schema, das einen Überblick über den Zusammenhang ermöglicht. In dieser Tabelle können Sie von Ihrem Gesundheitsproblem ausgehend nachsehen, welche Frequenz disharmonisch ist, und dementsprechend das Basiswasser aussuchen. (Es handelt sich hierbei nicht um quantitative, sondern um qualitative Angaben, das heißt solche zur Art der Schwingungen.)

Die Qualität der Schwingungserscheinungen ist gleichzusetzen mit der Qualität unserer Gesundheit.

ELEKTRISCH, MAGNETISCH ODER POLARISIERT?

Allen Lichtwässern ist ein Faktor gemeinsam: die polarisierte Energie. Wie auf Seite 36 erläutert, handelt es sich dabei um eine typisch kosmische, gebündelte Energieform, die vom Menschen bisher noch nicht technisch erschlossen und genutzt worden ist.

Jedes Lichtwasser hat darüber hinaus noch weitere Energiemerkmale. So ist Lourdeswasser auf der »Basis« von polarisierter Energie vorwiegend elektrisch. Montichiariwasser hingegen ist vorwiegend magnetisch, aber ebenfalls polarisiert. Die anderen drei Basiswässer aus San Damiano, Medjugorje und Fatima sind hingegen ausschließlich polarisierte Wasser.

Diese spezifischen Eigenschaften zu kennen, ist aus verschiedenen Gründen sinnvoll und nützlich:

- um bestimmte Beschwerden gezielt behandeln zu können;
- um das »Terrain« grundlegend zu sanieren;
- um die Wässer entsprechend dem Zeitpunkt ihrer optimalen Resonanz einzusetzen.

Typisch »elektrische« Beschwerden

Ein geradezu klassisches Beispiel für ein Ungleichgewicht, für einen Überschuss an »elektrischer Energie« sind Allergien. Dies mag für den Laien vielleicht etwas vage klingen, ist aber etwa durch den Aurikular- und Pulstest (Technik nach Nogier) ohne weiteres festzustellen und geradezu eklatant. Die Beziehung zwischen energetischer Disharmonie im Körper und Allergieleiden wird dabei sehr deutlich. (Wer etwas Erfahrung im Pulstest hat, wird bei Annähern eines Filters »58« bereits in großer Entfernung, etwa 20 Zentimeter oder mehr von der rechten Ohrmuschel, ein starkes VAS [Vascular Autonomic Signal] feststellen.) Ein weiteres Beispiel ist Sonnenbrand oder Sonnenstich, wenn man also unvorsichtigerweise zu viel Sonnenenergie aufgenommen hat.

Nach dem Energiekonzept der traditionellen chinesischen Medizin ist die »elektrische Energie«, so wie wir sie in diesem Zusammenhang verstehen, mit Yangenergie zu vergleichen. Bildlich gesprochen kann man sich diese Energieform als etwas, das stark nach außen strebt, eine Zentrifugalkraft entwickelt, oder etwas, das »Funken sprüht«, vorstellen.

Typisch »magnetische« Beschwerden

Probleme, die mit der Nahrungsaufnahme und dem Stoffwechsel zusammenhängen, sind in der Regel »magnetischer« Art. Eine Magenverstimmung, Übelkeit, aber auch Gewichtsprobleme würden Sie also wahrscheinlich mit Montichiariwasser behandeln.

»Magnetische Energie« ist für Akupunkteure, Shiatsutherapeuten usw. also eine typische Form von Yinenergie. Sie können sie sich als ein Feuer vorstellen, das still vor sich hinschwelt, oder etwas, das Zentripetalkraft hat, also nach innen strebt.

Typisch »polarisierte« Beschwerden

Probleme an der Wirbelsäule und Haltungsschäden, aber auch Einschlaf- und Durchschlafstörungen sowie manche Störungen der Herzfunktion sind typisch »polarisierte« Beschwerden.

Polarisierte Energie ist die Ursprungsform, aus der sowohl die elektrische als auch die magnetische Energie hervorgehen. Sie entspricht der Gesamtheit von Yin und Yang.

An dieser Stelle sollte nochmals daran erinnert werden, dass ein zur Therapie eingesetztes »Energiewasser« in jedem Fall polarisiert sein sollte. Dies ist unter anderem ein typisches Merkmal der Lichtwässer und eine der Eigenschaften, nach denen als Erstes geforscht wird, wenn man feststellen will, ob ein zum Test vorgelegtes Wasser mit mutmaßlicher Heilwirkung tatsächlich ein »Lichtwasser« ist.

Einer der Gründe, weshalb Lichtwasser-Experten nichtpolarisierten »Heilwässern« äußerst skeptisch gegenüberstehen, besteht darin, dass der durch menschliche Technik entstandene übermäßig verbreitete Gebrauch von elektrischen Geräten, die Nähe von Hochspannungsleitungen usw. eine Art elektromagnetischer Verseuchung verursacht hat, die zwar durch unsere fünf Sinne nicht direkt wahrzunehmen ist, deren Folgen jedoch vielerorts offengelegt und bezeugt werden. Bei einem solchen Überschuss an elektromagnetischer Energie, die bereits schädlich für den Menschen und die Umwelt geworden ist, sollte man diese Aspekte nicht noch unterstreichen, vor allem nicht in der Therapeutik.

GEGENSATZ ODER SIMILLIMUM?

Wenn Sie bei Durchfall ein Mittel nehmen, um die Darmentleerungen in kurzer Zeit zu stoppen, ist dies eine Behandlung mit dem »Gegensatz« oder eine symptomatische Behandlung.

Wenn Sie ein homöopathisches Mittel wählen, gehen Sie nach dem Simillimum-Prinzip vor, das Ähnliches mit Ähnlichem behandelt. Die verdünnten homöopathischen Mittel provozieren unverdünnt, in Reinform, am gesunden Menschen ähnliche Symptome wie die Krankheit selbst. (Nach Meinung einiger Forscher ist das »Symptom« bereits ein Versuch des Körpers, zur Genesung zu gelangen...)

Wenn Sie hingegen zu einem Klistier greifen, womöglich mit einem spezifischen Zusatz, um die natürliche Reaktion des Körpers zu unterstützen und zu beschleunigen (meistens ist Durchfall nämlich die Bemühung des Organismus, sich von etwas zu befreien, was für ihn toxisch oder unverträglich ist), dann ist Ihr Vorgehen eher kausal, das heißt, Sie sind bestrebt, die Ursache so weit als möglich auszuräumen.

Ein anderes Beispiel: Sie haben Fieber. Greifen Sie zu einem fiebersenkenden Arzneimittel, behandeln Sie es symptomatisch. Nach dem Simillimum-Prinzip wählen Sie ein homöopathisches Mittel. Um kausal vorzugehen, machen Sie einen Kneippschen Wickel, um den natürlichen Vorgang des Fiebers zu verstärken und es damit zu einem rascheren Abklingen zu bringen und sich gleichzeitig vor Rückfällen zu schützen.

Die Lichtwässer können im Prinzip auf alle drei Arten angewandt werden. In vielen Fällen werden Sie wahrscheinlich zwei oder drei Therapieformen einsetzen, je nach Art und Schwere der Beschwerden.

Bei akuten und stark störenden Beschwerden wird man zunächst zu einem Lichtwasser greifen, das komplementär ist zur Energiecharakteristik der Beschwerde. Nach Abklingen der schwersten Symptome oder nach gänzlichem Verschwinden derselben (was oft erstaunlich rasch vor sich geht), sollte man nicht etwa die Behandlung einstellen, sondern zum Simillimum übergehen. Auch der kausalen Behandlung sollte Beachtung geschenkt werden, um künftigen Rückfällen vorzubeugen.

Bei chronischen Beschwerden greift man direkt zum Simillimum. Dabei wird man meistens etwas länger auf positive Resultate warten müssen und auch mit der Behandlung für einige Zeit fortfahren. Dies ist Homöopathiepatienten bereits hinreichend bekannt. Es kommt allerdings bei Verwendung von Lichtwasser, im Gegensatz zur Homöopathie, nie zu heftigen Reaktionen.

Wieder einige Beispiele (genauere Anweisungen finden Sie bei den Anwendungsmöglichkeiten:

Einen stark juckenden Mückenstich behandeln Sie zunächst mit Montichiariwasser, desgleichen entzündliche und schmerzliche akute Schwellungen.

Haben Sie sich einen unangenehmen Sonnenbrand zugezogen und womöglich sogar erhöhte Körpertemperatur oder Kopfschmerzen, greifen Sie zu einem stark absorbierenden Wasser, dem Montichiariwasser. Sie werden also feuchte Wickel machen oder, bei ausgedehntem Sonnenbrand, ein lauwarmes

Bad nehmen, in beiden Fällen mit Montichiariwasser; die Wirkung kann noch unterstützt werden durch Zusatz von Apfelessig oder Kleie. Nach einer oder zwei Stunden gehen Sie zum Simillimum über, in diesem Fall auf Lourdeswasser. Sie werden sich damit häufig waschen oder leicht massieren. Selbstverständlich werden Sie in den folgenden Tagen direkte Sonnenbestrahlung und Hitze meiden und außerdem genügend trinken sowie leichte Speisen zu sich nehmen – Speisen und Getränke werden am besten ebenfalls mit Lichtwässern informiert.

DER KÖRPER, DIE KEIMBLÄTTER UND IHRE SPEZIFISCHE ENERGIERESONANZ

Wenn die befruchtete Eizelle anfängt, sich zu teilen, dann bilden sich zunächst drei Keimblätter, Zellbereiche, aus denen sich dann im Laufe der Schwangerschaft allmählich die verschiedenen Organe entwickeln. Die technische Bezeichnung für die drei Keimblätter ist: Ektoderm (äußeres Keimblatt), Mesoderm (mittleres Keimblatt) und Entoderm (inneres Keimblatt).

Aus dem äußeren Keimblatt, dem Ektoderm, entwickeln sich unter anderem die Haut, Talg- und Schweißdrüsen, die Schleimhäute, das Nervensystem einschließlich des Gehirns sowie Anteile der Hauptsinnesorgane, zum Beispiel Teile der Augen und der Nase. Die für das Ektoderm typische Energieform ist elektrischer Natur.

Aus dem Mesodern entwickeln sich unter anderem die Wirbelkörper, die quergestreifte (nichtglatte) Muskulatur, die Nieren, die Ausscheidungsorgane, Blutzellen, die inneren Geschlechtsorgane und vor allem der Bewegungsapparat. Ihm entspricht die polarisierte Energie.

Aus dem Entoderm entsteht der Magen-Darm-Trakt mit dessen Auskleidung (Epithel; mit Ausnahme von Mund und After, die dem Ektoderm entstammen) und den entsprechenden Drüsen sowie andere Epithele, etwa in den Ohren, im Rachen, in den Bronchien und in der Lunge, der Blase, dem Harnleiter, der Schilddrüse – allgemein gesagt das, was mit Stoffwechsel, Atmung und Verdauung zu tun hat. Die entsprechende Energieform ist magnetischer Natur.

Es ist für die Benutzung der Lichtwässer nicht unbedingt nötig, die Zugehörigkeit des erkrankten Gewebes oder Organs zum jeweiligen Keimblatt zu bestimmen. Aber die Kenntnis der Zusammenhänge vermittelt ein vertieftes Verständnis für die therapeutische Wirksamkeit.

Mithin ist ein typisch magnetisches Wasser wie das Basiswasser von Montichiari als Simillimum angezeigt bei Störungen aller Organe und Gewebe, die dem Keimblatt des Entoderms entstammen. Ein »klassisches« elektrisches Wasser wie das Basiswasser von Lourdes ist natürlicherweise das Simillimum für Organe, die aus dem Keimblatt des Ektoderms entstanden sind. Und alle besonders stark polarisierten Wässer sind ideal für Störungen in Körperstrukturen, die mit dem Mesoderm zusammenhängen. (Vgl. auch die Tabelle Seite 49.)

DIE SCHWINGUNGSEBENEN UND IHRE HARMONISCHEN

In jedem der untersuchten Lichtwässer haben sich charakteristische Schwingungsebenen mit Rechtsspin (vgl. Seite 28) und ihre Harmonischen gefunden. Jede dieser Schwingungsebenen hat eine Bedeutung, und zwar in ihrer Entsprechung jeweils im positiven und negativen Sinn (Rechts- und Linksspin). Im Rechtsspin finden wir die allmähliche Verdichtung von Energie zu Materie, von der Kausalität bis hin zum Molekül und zum lebenden Organismus. Der entsprechende Linksspin tritt typischerweise bei bestimmten Krankheiten und Beschwerden auf und lässt sich daher mit dem entsprechenden Lichtwasser harmonisieren.

Sie finden gelegentlich die Bezeichnung PAO vor der Zahl der Schwingungsebene. PAO ist die Abkürzung für die italienischen Worte »pace, armonia, ordine« (Friede, Harmonie, Ordnung), steht aber auch in Bezug zu den Maßen des goldenen Schnitts.

- Schwingungsebene 1 betrifft rein körperliche Funktionen sowie Verletzungen und Vergiftungen.
- Schwingungsebene 2 bezieht sich hauptsächlich auf die Sphäre des Gemüts, auf die Veränderung der Biorhythmen und auf hormonelle Störungen.
- Schwingungsebene 3 ist typisch für psychosomatische Krankheiten sowie für Asthma und Allergien.
- Schwingungsebene 4 ist kennzeichnend für anormales Zellwachstum, Wucherungen und Krebs.
- Schwingungsebene 5 tritt bei Störungen des Immunsystems auf.
- Schwingungsebene 6 steht in Beziehung mit Diabetes und anderen Stoffwechselkrankheiten.
- Schwingungsebene 7 deutet auf negative Stimmungen wie Desinteresse, Apathie und Lustlosigkeit.
- Schwingungsebene 8 erscheint bei selbstzerstörerischen Tendenzen, Drogenabhängigkeit und dergleichen.
- Schwingungsebene 9 vermittelt zwischen den ersten acht und den folgenden feineren, intensiveren Schwingungsebenen, die sich im Prinzip unendlich wiederholen.

Die Harmonischen, die zu den Schwingungsebenen bei den einzelnen Lichtwässern angegeben werden, drücken bei Erkrankungen die tieferen, zeitlich oft weit zurückliegenden Ursachen aus. Die genaue Kenntnis dieser Zusammenhänge ist für den Therapeuten von großer Bedeutung zur Einschätzung der Krankheit, wird aber in diesem Buch nur der Vollständigkeit halber kurz angedeutet.

Die mit PAO und mit einer Zahl bezeichneten Schwingungsebenen sind zur allgemeinen Orientierung zum Anwendungsbereich nützlich. In letzter Zeit hat sich gezeigt, dass bei vielen Quellen (bei allen hier als Basiswasser bezeichneten Quellen) dieser Wert zum Unendlichen tendiert, sie dabei aber doch eine Eigentümlichkeit bewahren, die weiterhin mit der Zahl für die entsprechende Schwingungsebene ausgedrückt wird.

HARMONIE ZWISCHEN ZEITPUNKT UND ENERGIEFORM

Im Alltag sind wir uns meistens gar nicht (mehr) bewusst, wie stark die natürlichen Rhythmen unser Leben beeinflussen. Die Gezeiten, Ebbe und Flut, erleben die meisten Menschen nur selten, und selbst die wechselnden Tages- und Jahreszeiten ziehen außerhalb von Wohnung und Arbeitsplatz in der Hektik des Alltags oft unbemerkt an uns vorüber. Gerade in der Stadt werden im Zeitalter von lichtdurchfluteten Räumen und Klimaanlagen die tages- und jahreszeitlich bedingten Veränderungen kaum spürbar. Wenn allerdings unser Herz plötzlich nicht mehr wie gewohnt im Takt schlägt, sind wir besorgt und lassen uns schnell vom Arzt behandeln. Ist bei Mädchen und Frauen die Regelblutung unregelmäßig, ist auch dies Anlass zu Unruhe.

In der fernöstlichen Medizin spielen seit Jahrtausenden die natürlichen zeitlichen Rhythmen unserer Umwelt (auch Chronobiologie genannt) eine große Rolle bei der Behandlung von Krankheiten. Erst langsam werden diese chronobiologischen Einflüsse auf den menschlichen Körper auch in der Medizin der westlichen Welt beachtet. Die Wissenschaft stößt immer mehr auf faszinierende Zusammenhänge zwischen den kosmischen Rhythmen (Makrokosmos) und denen der Lebewesen und auch des Menschen (Mikrokosmos). So erkannte man, dass die Wirkung mancher Medikamente zu gewissen Tageszeiten stärker zum Tragen kommt. Die Einnahme von Heilmitteln im Einklang mit dem Biorhythmus ermöglicht geringere Wirkstoffdosen und vermindert das Risiko von unerwünschten Nebenwirkungen. In japanischen Krankenhäusern beispielsweise operiert man bereits unter Berücksichtigung der individuellen Rhythmen der Patienten, und manche Berufsgruppen wie etwa Taxifahrer können sich ihre biorhythmisch »kritischen« Tage, an denen sie also besonders vorsichtig fahren sollten, berechnen lassen.

Tages- und Jahreszeiten zeichnen sich durch das Vorwiegen einer bestimmten Energieform aus. Diese zu kennen und die entsprechenden Simillimum-Wasser zu diesen Zeitpunkten einzunehmen, kann einen bedeutenden therapeutischen Vorteil darstellen.

EIN TAG IST WIE EIN JAHR

Hier handelt es sich nicht um ein Bibelzitat, sondern um eine Beobachtung der kosmischen Rhythmen. Stellen Sie sich einmal kurz den Ablauf der Jahreszeiten vor: Explosion des neuen Lebens im Frühjahr; Reifen der Früchte im Sommer und Herbst; Ruhe und Sammlung im Winter. Diese Zeiträume unterscheiden sich auch grundlegend durch ihre »Energieform«: Etwa vom 21. Februar bis 20. Juni ist sie hierzulande »elektrischer« Art; vom 21. Juni bis zum 20. Oktober »magnetisch« und danach bis zum folgenden Februar »polarisiert«. Dies mag auf den ersten Blick nicht ganz einfach nachvollziehbar sein. Wenn Sie aber etwas Erfahrung mit einem Garten haben, dann haben Sie sicher schon bemerkt, dass zum Beispiel Radieschen im Frühjahr wunderbar wachsen, während sie zu anderen Jahreszeiten selbst unter künstlich geschaffenen »Idealbedingungen« nie so gut gedeihen. Allgemein bekannt ist, dass Treibhausgemüse nie so gut schmeckt wie unter natürlichen Bedingungen gewachsenes Freilandgemüse. Das liegt nicht nur an der frischen Luft, sondern ganz besonders am energetischen Einfluss der jeweiligen Jahreszeit. So treten zu bestimmten Jahreszeiten auch einige Krankheiten gehäuft auf, zum Beispiel Allergien vor allem im Frühjahr.

Ein entsprechendes Schema der Energie- und Lebensbedingungen gilt auch für den Tagesablauf. Von 3 Uhr bis 11 Uhr morgens herrscht die elektrische Energieform vor; dies ist sozusagen das erwachende Frühjahr des Tages. Von 11 Uhr bis 19 Uhr ist die Zeit der magnetischen Energie, in der wir besonders aktiv sind. Von 19 Uhr bis 3 Uhr, wenn wir in der Phase der »winterlichen Ruhe« neue Kräfte schöpfen, dominiert die polarisierte Energie.

Die Erkenntnisse der Chronobiologie können wir für unsere Gesundheit nützen, und zwar nicht nur in Hinblick auf den richtigen Zeitpunkt der Einnahme von Arzneimitteln. Tages- und Jahreszeiten zeichnen sich durch das Vorherrschen einer bestimmten Energieform aus. Dementsprechend kann sich die Wirkung der Lichtwässer optimal entfalten, wenn man sie zu den besonders geeigneten Zeitpunkten einnimmt.

Wenn wir uns auf die natürlichen, sprich kosmischen Rhythmen einstellen, werden wir auch den Bedürfnissen unseres Körpers gerecht und stärken dadurch unser Immunsystem, das heißt die natürlichen Abwehrkräfte. Oft lassen es unsere Lebensbedingungen (Schichtarbeit, Nachtarbeit, häufige Fernreisen mit Jetlag) nicht zu, uns hundertprozentig auf diese Rhythmen einzustellen. Aber auch geregeltere Arbeitszeiten und die modernen Lebensgewohnheiten sind selten nach den natürlichen Rhythmen eingerichtet. Um so mehr kommen uns die Lichtwässer zu Hilfe, die als Mikroinformation jene typischen Energieformen enthalten, die den verschiedenen Tageszeiten entsprechen und sie an den Körper weitergeben können.

Dies ist die Erklärung für die erstaunliche Wirksamkeit der so genannten Basisanwendung, der rhythmischen Einnahme der sieben Basis-Lichtwässer zu den entsprechenden Tageszeiten (siehe Seite 61).

DIE SANFTESTE THERAPIEFORM

Wenn man davon ausgeht, dass der Mensch sich am Ende der Entwicklungskette befindet, sollte man sich auch fragen, ob es sinnvoll ist, dass er seine Heilmittel »von unten« bezieht, das heißt aus Formen, die entwicklungsgeschichtlich unter ihm stehen. Der Mensch als das differenzierteste Lebewesen kann zwar ohne weiteres seine Nahrung aus einfacheren Formen beziehen, aber in der Therapie sollten wir nach Möglichkeiten suchen, »von oben«, das heißt aus direkten, polarisierten Energiequellen Heilung zu finden.

In den Lichtwässern finden wir die »Originalschwingungen«, die in Resonanz zu unserem gesamten Wesen stehen. Diese brauchen also nicht metabolisiert, verarbeitet, verdaut und umgewandelt zu werden, bevor wir sie uns zunutze machen können: Sie stellen eine reine und unverfälschte, harmonische Information dar, auf die wir uns mühelos »einstellen« oder »einschwingen« können, um so unseren natürlichen Rythmus, unsere eigentliche Essenz durch Resonanz wiederzufinden.

In einer Zeit, in der das menschliche Genom erforscht und der Aufbau der doppelten DNS-Spirale immer deutlicher zutage tritt, wird auch offensichtlich, welche verheerenden Folgen es hat, wenn diese an einigen Stellen unterbrochen, verändert oder verzerrt wird: Unsere vitalen Rhythmen werden gestört, und es kommt zu krankhaften Veränderungen. Durch die Lichtwassertherapie wird dem Körper nichts aufgezwungen. Die Wässer bieten dem Organismus lediglich die Möglichkeit, die Erinnerung an die gesunde Schwingung wieder aufleben zu lassen und mühelos wieder in Funktion zu setzen.

Eine interessante Hypothese zur Wirkung der Lichtwässer wurde von Prof. Lipinski, Universität Harvard, USA, anlässlich eines Kongresses zum Thema Energiefelder (1988) vorgetragen. Bekanntlich geht man davon aus, dass negative Ladungen biologisch von Bedeutung sind. Elektronen sind negativ geladen und stellen nach Meinung zahlreicher Forscher die reinste Energieform dar. Laut Lipinski könnte die heilende Wirkung der Lichtwässer auf deren Einfluss auf die Elektronen im menschlichen Körper beruhen.

Die Lichtwässer und ihre Anwendungsmöglichkeiten

Im Folgenden werden die einzelnen Lichtwässer mit ihren charakteristischen Merkmalen und praktischen Anwendungsmöglichkeiten vorgestellt. Die angeführten Vorschläge erheben keinen Anspruch auf Vollständigkeit. Sie werden selbst bald herausfinden, bei welchem Problem Ihnen welches Wasser und welche Anwendung am besten hilft. Probieren Sie ruhig ein wenig aus, denn schaden werden Ihnen die Lichtwässer nie; im schlimmsten Fall treten sie einfach nicht in Resonanz.

Die Anwendungsvorschläge auf den folgenden Seiten sind nicht als Rezepte im strengen Sinn gedacht, sondern als Anregungen, wie die Selbstheilungsprozesse des menschlichen Organismus mit natürlichen Mitteln unterstützt werden können. Wenn Sie in ärztlicher Behandlung sind, sollten Sie auf keinen Fall die verordneten Maßnahmen oder Medikamente eigenmächtig absetzen! Die Lichtwässer sollten dann die Therapie möglichst begleiten und unterstützen. (In den meisten Fällen wird der Arzt schon bald auf Grund der besseren Befunde die Medikamente reduzieren oder sogar absetzen können.)

Einige Anleitungen zu therapeutischen Anwendungen sind mit freundlicher Genehmigung der Autorin dem Buch »Verso l'Unità Cosmo« von Enza Ciccolo entnommen.

Wichtig: Die Basiswässer sind allein für die Reproduktion, das heißt die »Vermehrung« bestimmt. Dazu geben Sie neun Tropfen eines Lichtwassers in bis zu einen Liter Trinkwasser (vgl. Seite 109ff.).
Wenn das Lichtwasser längere Zeit gestanden hat, sollten Sie es mehrfach reproduzieren, bevor Sie es innerlich anwenden oder auf offene Wunden auftragen.
Sorgen Sie dafür, dass Sie stets einen kleinen Vorrat an Lichtwasser zum Reproduzieren haben. Wichtig ist, das Wasser in Glasbehältern am natürlichen Licht (nicht im geschlossenen Schrank) und weit entfernt von Elektrosmogquellen aufzubewahren.
Am besten tragen Sie ein kleines Fläschchen mit Ihren wichtigsten Lichtwässern stets »für alle Fälle« bei sich.
Alle im Buch darüber hinaus erwähnten Zutaten erhalten Sie in Apotheken, Drogerien oder Reformhäusern.

Bitte beachten: Abweichend von den »klassischen« neun Tropfen werden in verschiedenen Anwendungen andere Mengen verwendet. Wenn man nämlich die Schwingungsintensität und Harmonikebene eines pflanzlichen (oder sonstigen) Mittels testet und die Tropfenmengen der Lichtwässer genau danach berechnet, erreicht man eine noch gezieltere Wirkung. In allen anderen Fällen kann sich der Laie aber problemlos an die »9-Tropfen-Regel« halten.

Die Erfahrungsberichte stammen von Menschen, die Lichtwässer in ihrer einfachsten Form, als Basiswässer, erfolgreich eingesetzt haben. Die betroffenen Personen haben der Veröffentlichung dieser Daten ausdrücklich zugestimmt. In jedem Fall liegen der Autorin die schriftlichen Zeugnisse vor. Alle Zentren, in denen Lichtwässer verwendet werden, verfügen zudem über eine ausführliche Dokumentation der Behandlungserfolge, die dort auch mit den zahlreichen anderen Lichtwässern, zumal in Zusammenhang mit der von Dr. Enza Ciccolo entwickelten Technik, erzielt worden sind.

Die Basisanwendung

Ungeachtet des jeweiligen Gesundheitszustands kann man einen Monat lang oder auch beliebig länger alle Basiswässer über den Tag verteilt einnehmen, am besten nach dem beigefügten Schema.

Die langjährige Erfahrung von Tausenden von Menschen hat gezeigt, dass diese verhältnismäßig einfache, »rhythmische« Form der Einnahme der Lichtwässer den Organismus so weitgehend mit dem natürlichen Rhythmus des Makrokosmos in Einklang zu bringen vermag, dass Personen jeden Alters und Gesundheitszustandes bereits nach kurzer Zeit einen wesentlich besseren Allgemeinzustand zeigten. Die Neigung zu Infekten nimmt ab, die Belastbarkeit nimmt zu, und selbst chronische Krankheiten belasten weitaus weniger und sprechen besser auf die entsprechenden Therapien an.

Basisanwendung

Sie nehmen jeweils neun Tropfen der angegebenen Lichtwässer zu den angeführten Zeiten ein. Das Fatimawasser kann zusammen mit oder gefolgt von dem jeweils angegebenen Lichtwasser eingenommen werden. Es wirkt normalisierend auf das Nervensystem und verstärkt allgemein die Wirkung der anderen Lichtwässer. Efesowasser verstärkt ebenfalls die Wirkung der anderen Lichtwässer und deren Schwingungsebenen in Richtung »Unendlich«.

Zeitpunkt	**9 Tropfen**	**9 Tropfen**	**9 Tropfen**	**9 Tropfen**
Morgens (3 bis 11 Uhr)	Fatima 7fFT	Lourdes 7fL	Santa Maria Fontana 7fSMF	Efeso
Mittag/Nachmittag (11 bis 19 Uhr)	Fatima 7fFT	Montichiari 7fMT	Efeso	
Abends/Nachts (19 bis 3 Uhr)	Fatima 7fFT	Medjugorje 7fMJ	San Damiano 7fSD	Efeso

Dieses Schema gilt im »Normalfall«. Bei schweren Krankheiten kann man die Dosis unter Berücksichtigung des Körpergewichts erhöhen: 9 Tropfen pro Kilogramm Körpergewicht.

Ein Tipp: Bevor Sie mit der Basisanwendung beginnen, schreiben Sie so genau wie möglich auf, wie Sie sich zurzeit, körperlich und geistig, fühlen. Beschreiben Sie auch die Probleme, mit denen Sie sich gerade beschäftigen. Nach einem Monat der täglichen Einnahme notieren Sie wiederum Ihre aktuelle Verfassung. Vermutlich werden Sie bereits erstaunliche Veränderungen feststellen können.

Dr. Mancini, Bologna, 73 Jahre: Seine Cholesterin- und Blutfettbefunde waren besorgniserregend. Der Arzt riet ihm, dringend etwas dagegen zu unternehmen. Mancini führte während vier Wochen die Basisanwendung durch und ließ gleich danach die medizinischen Kontrolluntersuchungen wiederholen. Das Ergebnis: Die Cholesterin- und die Blutfettwerte waren in Ordnung und sind es auch seither unter Fortführung der Basisanwendung geblieben. Er nimmt nunmehr die Lichtwässer täglich ein.

Der Schwiegervater von M.G. Scalise, Modena: Der 84-Jährige litt bereits seit Jahren an der Parkinsonschen Krankheit. Trotz bester ärztlicher Betreuung schien sich keine Besserung abzuzeichnen. Nachdem er einen Monat lang die Basisanwendung durchgeführt hatte, kam er allmählich wieder zu Kräften, sein Allgemeinzustand besserte sich, und er erschien deutlich beweglicher und geistesgegenwärtiger. Man bemerkt zwar noch ein deutliches Zittern des rechten Arms, aber die Lichtwässer begleiten ihn nun mit Vorteil bei seinen Verrichtungen.

Die Chakren und die mit ihnen resonierenden Lichtwässer

Was nach fernöstlicher Auffassung die Chakren sind, bezeichnet die abendländische Medizin als Nervengeflecht oder Plexus. Als Erstes wurde das Sonnengeflecht in seiner Bedeutung entdeckt, weitere folgten. In der östlichen Medizin kennt man die Entsprechung der verschiedenen Nervengeflechte seit langem und bezieht sie von jeher in Diagnose und Therapie mit ein. Aufgrund dieser älteren und ausführlicheren Studien sprechen auch viele westliche Mediziner in diesem Zusammenhang von Chakren; wir schließen uns diesem Wortgebrauch an.

Unser Körper weist eine Reihe von »Energiezentren«, »Wirbeln« oder »Chakren« auf, wie auch immer man sie nennen mag. Diese Geflechte oder Wirbel sind jeweils für bestimmte Funktionen verantwortlich und haben spezifische energetische Merkmale. Aus diesem Grund sind sie auch therapeutisch von Interesse: Diese Zentren lassen sich »harmonisieren«, indem man ihnen die Mikroinformation von Wasser, das mit ihnen in Resonanz steht, zukommen lässt.

Dies lässt sich praktisch ganz leicht bewerkstelligen (zum Beispiel abends im Bett vor dem Einschlafen). Man braucht sich nur die Lage der Nervengeflechte oder Chakren zu vergegenwärtigen und gibt jeweils 3 Tropfen des mit ihnen resonierenden Wassers auf die entsprechende Stelle; dies geschieht am besten im Liegen, da sich alle Chakren auf der Mittelachse des Körpers befinden. In jedem Fall gibt man zunächst 3 Tropfen Fatimawasser (7fFT) auf jedes Chakra, um die Wirkung des folgenden spezifischen Lichtwassers (siehe unten) zu verstärken.

	Chakra	3 Tropfen
1	Steißbeinchakra (oder Wurzelchakra) (Sanskrit: Muladhara)	Lourdeswasser (7fL)
2a	Hara (eine Handbreit über dem Steißbeinchakra; wichtig u.a., weil sich dort die Geschlechtsorgane befinden) (Sanskrit: Swadisthana)	Montichiariwasser (7fMT)
2b	Bauchnabel («Nebenchakra«, aber sehr wichtig)	Montichiariwasser (7fMT)
3	Sonnengeflecht (Magengegend, unter dem Rippenansatz) (Sanskrit: Manipura)	Fatimawasser (7fFT)
4	Herzchakra (Herzgegend, aber genau in der Mitte) (Sanskrit: Anahata)	Lourdeswasser (7fL)
5a	Halschakra (Halsgrube), Plexus Cervicus (Sanskrit: Vissuddha)	San-Damiano-Wasser (7fSD)
5b	Nackenchakra (Nackengrube, an der Schädelbasis)	Medjugorjewasser (7fMJ)
6	Stirnchakra («Drittes Auge«) (Sanskrit: Ajna)	Fatimawasser (7fFT)
7	Scheitelchakra (Lotus) (Sanskrit: Sahasrara)	Medjugorjewasser (7fMJ)

Anmerkung: Neben den hier angegebenen wichtigsten Chakren gibt es noch eine Reihe von so genannten Nebenchakren, zum Beispiel an Händen und Füßen. Wer diese nicht vernachlässigen will, gibt jeweils auf die Mitte der Hände und der Füße 3 Tropfen Fatimawasser (7fFT) und 3 Tropfen Lourdeswasser (7fL) und in die Nackengrube 3 Tropfen Medjugorjewasser (7fMJ).

Bei der Behandlung der Chakren beginnt man am besten von unten und behandelt Chakra 1 bis 4, dann von Chakra 7 wiederum abwärts bis zum Chakra 1 (die unteren Chakren werden also zweimal behandelt).

Lourdeswasser

Abkürzung	7fL (7 Frequenzen, Lourdes)
Vorherrschende Energie	elektrisch
Vorwiegende Wirkung auf	Immunsystem
Harmonische	5 (Immunsystem)
Frequenzen	A und G
Resonanz	mit dem Ektoderm (äußeres Keimblatt)

Lourdeswasser hat sich vor allem als reinigendes Wasser, im weitesten Sinne des Wortes, erwiesen. Man verwendet es also überall dort, wo man reinigen, klären, läutern, entlasten oder entgiften will. Abgesehen von der Behandlung von Krankheiten können Sie beispielsweise auch Salate, Gemüse und Obst mit Wasser waschen, dem Sie je 9 Tropfen 7fL pro Liter zugefügt haben. Nach dem Waschen können Sie dieses Wasser zum Begießen Ihrer Topf- oder Balkonpflanzen weiterverwenden – Ihre Pflanzen werden es Ihnen mit besonders kräftigem Wuchs danken.

Sie können Lourdeswasser auch an alle Speisen und Getränke geben, wenn Sie sich einer innerlichen »Reinigung« unterziehen wollen.

Trinken Sie vor und nach Röntgenaufnahmen oder einer Kernspintomografie und noch für weitere zwei Tage reichlich Lourdeswasser, um den möglichen Nebenwirkungen der Strahlungen zu begegnen. Sie sollten mindestens dreimal am Tag 3 Tropfen pro Kilogramm Ihres Körpergewichtes einnehmen und außerdem 9 Tropfen 7fL zu allen Speisen und Getränken geben.

AUGEN

Müde und gereizte Augen

- Träufeln Sie 9 Tropfen 7fL auf zuvor angefeuchtete Wattebäusche, und legen Sie diese auf die geschlossenen Lider. Ruhen Sie so zurückgelehnt oder liegend mindestens fünf Minuten.

- Geben Sie auf Beutel von Schwarztee oder Kamillentee ein paar Tropfen 7fL, bevor Sie sie auf die geschlossenen Augen legen. Auf Schwarzteebeutel träufeln Sie zusätzlich 6 Tropfen Medjugorjewasser, auf Kamillenteebeutel 3 Tropfen San-Damiano-Wasser.
- Machen Sie es sich zur Gewohnheit, das Gesicht jeden Morgen mit reichlich kaltem 7fL-Wasser zu waschen: Beugen Sie sich dazu über eine Schüssel oder das Waschbecken, schöpfen Sie das Wasser mit den hohlen Händen und spritzen Sie es gegen die geschlossenen Augen.
- Wenn Ihre Augen tagsüber zum Brennen neigen, tragen Sie immer ein vorher sterilisiertes Fläschchen mit 7fL-Wasser bei sich. Viermal täglich (oder wann immer Sie das Bedürfnis dazu haben) geben Sie ein paar Tropfen davon in den inneren Augenwinkel. Noch wirksamer ist abwechselnd Lourdeswasser und Medjugorjewasser (7fMJ). Auch eine kleine Sprühflasche mit 7fL oder einer Mischung von 7fL und 7fMJ tut dabei gute Dienste: Sprühen Sie etwas davon ebenfalls viermal täglich oder nach Bedarf öfter auf die geschlossenen Lider.
- Wenn Sie eine Brille tragen, träufeln Sie täglich 9 Tropfen 7fL auf die Innenseite jedes Brillenglases und trocknen diese dann vorsichtig mit einem sauberen Tuch oder Papiertaschentuch ab. Die Wirkung ist verblüffend!
- Wenn Sie viel am Computer arbeiten oder lange fernsehen und Ihre Augen mit Rötung und Reizung reagieren, verteilen Sie täglich 12 Tropfen 7fL um Computer und Fernseher, je drei auf jeder Seite. (Lassen Sie, falls Sie Gelegenheit haben, das elektromagnetische Feld um Ihre Elektrogeräte vor und nach der »Behandlung« von einem Fachmann messen; Sie werden über die Veränderung der Messwerte staunen!)

Anita Facchetti aus Treviglio bei Bergamo, 62 Jahre, wurde von der Ecke eines großen Reklameschilds, das von einer heftigen Windböe herumgeschlagen worden war, am rechten Auge getroffen. Im Krankenhaus wurde eine Hornhautverletzung von 10 Millimeter Länge festgestellt. Man entließ sie mit einem Rezept für Augentropfen (mit einem Antibiotikum) und Augensalbe. Frau Facchetti entschloss sich, von Anfang an auf Tropfen und Salbe zu verzichten, und griff stattdessen aufgrund früherer guter Erfahrungen auf Lichtwässer zurück. Sie träufelte je 9 Tropfen 7fL und 7fSD (San-Damiano-Wasser) dreimal täglich in beide Augen, und zwar drei Tage lang. Als sie nach diesen drei Tagen zur Kontrolluntersuchung ging, erklärte der Arzt, er habe noch nie eine so schnelle Verheilung beobachtet.

Entzündung der Lidränder

Wenn Ihre Lidränder durch mechanische Reizung (Reiben) oder eine bakterielle Infektion entzündet sind, behandeln Sie sie 2 Tage lang mit warmen Kompressen (vgl. Gerstenkorn). Nach Abklingen der akuten Phase verwenden Sie kühle Spülungen und kalte Kompressen. Benutzen Sie bei allen Anwendungen 7fL und stets neue sterile Tücher.

Gerstenkorn

Befeuchten Sie einen Wattebausch mit 7fL-Wasser und legen Sie ihn 10 Minuten lang auf das betroffene Auge. Wiederholen Sie diese Anwendung mehrmals, jeweils mit einem frischen Wattebausch. Wenn es Ihnen angenehm ist, machen Sie diese Anwendungen mit warmem Wasser.

Bindehautentzündung

- Die Augen drei- bis viermal täglich mit Wasser ausspülen, dem Sie je 9 Tropfen 7fL und San-Damiano-Wasser (7fSD) zugefügt haben. Zusätzlich eine Woche lang täglich ein warmes Bad nehmen, dem 2 Liter Absud aus Haferstroh und 36 Tropfen 7fL zugefügt wurden.
- Bei Bindehautreizung durch eine Überanstrengung der Augen verwenden Sie kalte Kompressen oder abwechselnd warme und kalte Kompressen, die jeweils mit 7fL getränkt wurden.

Fremdkörper im Auge

- Nicht reiben! Wenn der Fremdkörper durch die natürliche Tränenflüssigkeit allein nicht herausgespült wird, kochen Sie eine Tasse Wasser mit einem Esslöffel Salz ab, fügen 9 Tropfen 7fL hinzu und tauchen ein steriles Tuch hinein. Halten Sie einen Zipfel dieses Tuchs vorsichtig an den Fremdkörper, bis dieser haften bleibt und entfernt werden kann. Am besten lassen Sie sich dabei von jemandem helfen.
- Sie können auch 7fL in die Winkel der geöffneten Augen träufeln und die Augen (oder den Kopf) dabei hin und her bewegen, damit sich die Flüssigkeit über den ganzen Augapfel verteilt und den Fremdkörper herausspült. Danach legen Sie eine kühle Kompresse mit 7fL auf das geschlossene Auge, bis die Reizung abgeklungen ist.

HAUT UND HAAR

Unsere Haut ist aus dem äußeren Keimblatt, dem Ektoderm, entstanden, zu dem 7fL in besonders guter Resonanz steht. Dieses Lichtwasser ist daher besonders »hautfreundlich«.

- Dem Wasch- und Badewasser regelmäßig 7fL zufügen. Für ein Waschbecken voll genügen 18 Tropfen, für ein Bad sollte es mindestens das Doppelte sein. Wer nicht Tropfen zählen will, kann auch eine Flasche 7fL-Wasser vorbereiten und im Badezimmer stehen lassen. Einen großzügigen »Schuss« zufügen, sobald das Wasser eingelaufen ist. Eine noch bessere Wirkung erzielt man, wenn man dem Wasser noch 7fMJ (Medjugorjewasser) hinzufügt. Von jedem ein Fläschchen oder eine Flasche im Badezimmer bereit halten.
- Wer lieber duscht, sollte trotzdem nicht auf 7fL verzichten. Ein paar Tropfen davon auf den zuvor befeuchteten Schwamm oder Waschlappen geben, oder aber Schwamm oder Lappen direkt in eine Schüssel mit 7fL tauchen. Oder Sie bereiten eine Sprühflasche aus Glas mit 7fL vor und besprühen Gesicht und Körper damit nach jedem Bad und jeder Dusche.
- Auch Ihre Kosmetika (Badeschaum, Duschgel, flüssige Hautreinigungsmittel, Gesichtsmilch, Gesichtswasser, Körperlotion, Shampoo, Haarspülungen, Kölnisch Wasser) können Sie direkt mit jeweils 9 Tropfen 7fL »informieren«. In Öl löst sich Wasser zwar bekanntlich nicht, aber die Mikroinformation wird trotzdem übertragen; geben Sie also ruhig die üblichen 9 Tropfen 7fL auch in die Flasche mit dem Körperöl.
- Viele Personen machen die Erfahrung, dass sie die Sonneneinstrahlung besser vertragen, seit sie ihre Haut regelmäßig mit 7fL behandeln. Dies ist wahrscheinlich dadurch zu erklären, dass eine gesunde Haut besser ihrer natürlichen Schutzaufgabe nachkommen kann und sich gleichzeitig die lebenswichtigen Sonnenstrahlen besser zunutze machen kann. Geben Sie also in das benutzte Sonnenschutzmittel 9 Tropfen 7fL. Reiben Sie sich vor dem Sonnenbaden oder generell, bevor Sie sich dem Tageslicht aussetzen, besonders sorgfältig mit 7fL ein, und wiederholen Sie dies abends, nachdem Sie sich Licht und Luft ausgesetzt haben.
- Übermäßiges Schwitzen: Bereits leichte Ganz- oder Teilmassagen mit 7fL (im Uhrzeigersinn) haben eine harmonisierende und ausgleichende Wirkung, sodass lästiges, übermäßiges Schwitzen sich in der Regel schon nach kurzer Zeit normalisiert. Sie können es auch mit leichten Abreibungen aus einer Mischung von gleichen Teilen frisch gepresstem Zitronensaft und 7fL-Wasser versuchen. Sie werden sich dadurch selbst bei unangenehmer Hitze den ganzen Tag lang frisch fühlen. Falls Sie sich der Sonne aussetzen, sollten Sie wegen der enthaltenen Furocumarine (wirken fototoxisch!) allerdings auf Zitronensaft verzichten oder diesen nur dort anwenden,

wo sicher keine ultravioletten Strahlen hingelangen (wie in den Achselhöhlen). Bedenken Sie auch, dass UV-Strahlen zum Teil durch die Kleidung, vor allem leichte Sommerkleider und T-Shirts, hindurchdringen können.

Haare und Nägel

Sie können 7fL Ihrem Shampoo, Haarspülungen und -packungen zusetzen. Machen Sie die letzte Spülung nach dem Haarwaschen mit 7fL: 9 Tropfen pro Liter lauwarmes Wasser.

- Sehr gut zur täglichen Pflege der Kopfhaut: 9 Tropfen 7fL in die hohle Hand geben, die Fingerkuppen der anderen Hand damit benetzen und das Wasser in die Kopfhaut einmassieren.
- Eingewachsene Finger- oder Fußnägel mindestens zweimal täglich in 7fL baden. Falls das Nagelbett entzündet ist, dem Wasser zusätzlich 9 Tropfen 7fSD (San-Damiano-Wasser) zufügen.
- Eingewachsene Haare können unter Umständen nach dem Enthaaren der Beine auftreten; einzelne Haare wachsen nach, durchstoßen aber nicht mehr die Oberhaut und wachsen »in die falsche Richtung« unter der Hautoberfläche weiter. Betupfen Sie sie zwei- bis dreimal täglich mit einem Wattebausch, auf den Sie je 9 Tropfen 7fL und 7fSD (San-Damiano-Wasser) gegeben haben. Danach können Sie auch diese Haare mühelos und schmerzlos entfernen.

HAUTERKRANKUNGEN

Akne und Abszesse

Getrocknete Blätter der großen Klette (Acer campestre) oder Calendulablüten von Hand oder im Mörser zerbröseln und mit wenig Wasser erhitzen; ständig umrühren, damit sich eine breiförmige Masse von gleichmäßiger Temperatur ergibt.

4 Tropfen 7fL hinzufügen und den Brei lauwarm auf die zu behandelnde Stelle auftragen. Eine Viertelstunde ruhen lassen, dann vorsichtig abheben und mit lauwarmem 7fL-Wasser abtupfen. Zweimal täglich wiederholen.

Ekzeme

Ekzeme sind meist hartnäckig und nur mit einer möglichst ganzheitlichen und kausalen Behandlung zu heilen. Vor allem bei chronischen Ekzemen sollten die Ernährungsgewohnheiten und mögliche Allergien oder Nahrungsmittelunverträglichkeiten überprüft werden; auch psychische Probleme als

Ursache sind in Betracht zu ziehen. Die äußerliche und innerliche Behandlung mit 7fL kann die medizinische Therapie aber in jedem Fall stark unterstützen.

- Dem Waschwasser jeweils 18 Tropfen 7fL zufügen, dem Badewasser 36 Tropfen 7fL und 36 Tropfen 7fMJ (Medjugorjewasser). Die betroffenen Stellen, insbesondere bei trockener Haut, nach Belieben häufig mit 7fL betupfen. Dazu jeweils sterile Mullstückchen oder saubere (ausgekochte) Tücher benutzen.
- Außerdem sollten Sie sämtlichen Kosmetika (vom Gesichtswasser bis zur Hautcreme) jeweils 9 Tropfen 7fL hinzufügen.
- Wer eine Aloe-vera-Pflanze auf dem Fensterbrett, auf dem Balkon oder im Garten hat, kann gelegentlich ein Stückchen von einem der fleischigen Blätter abbrechen, die Haut abziehen, den heraustretenden Pflanzensaft mit 9 Tropfen 7fL vermischen und diese feuchtigkeitsspendende und lindernde Creme auf die Haut auftragen. Einziehen lassen, nicht abwaschen! Gießen Sie auch Ihre Aloepflanze stets mit 7fL-Wasser.

Fußpilz

Nehmen Sie zweimal täglich ein Fußbad, dem Sie 9 Tropfen 7fL pro Liter Wasser zufügen. Zusätzlich können Sie noch ein paar Tropfen Teebaumöl (Tea tree oil) beigeben.

Auch dem letzten Spülwasser beim Waschen von Strümpfen und Socken sollten Sie 7fL zugeben.

Bis zum völligen Abklingen der Beschwerden verzichten Sie am besten auf Tennisschuhe, Nylonstrümpfe und andere Fußbekleidung, die die natürliche Verdunstung des Fußschweißes behindern könnte.

Herpesinfektion

Diese Virusinfektion ist in der Regel zwar nicht gefährlich, kann aber ausgesprochen unangenehm werden, weil sie mehr oder weniger regelmäßig von neuem auftritt. Das Auftreten von Herpes simplex lässt darauf schließen, dass das Immunsystem momentan, etwa aufgrund von Stress, geschwächt ist.

Ganz gleich, ob die Herpesbläschen an den Lippen, den Genitalien oder an anderen Körperstellen auftauchen, betupfen Sie die Stelle gleich bei den ersten Anzeichen (Ziehen, Kribbeln) mit 7fL oder legen Sie einen in 7fL getränkten Wattebausch auf. Wiederholen Sie dies nach Möglichkeit eine Stunde lang alle zehn Minuten, dann etwa alle zwei Stunden.

WUNDEN UND VERLETZUNGEN

Schürfungen

Die Wunde vorsichtig säubern, indem Sie 7fL-Wasser direkt über die Abschürfung träufeln und dann mit einem sterilen Tuch abtupfen oder kurz einen sterilen, in etwas 7fL getränkten Lappen auflegen, um die Unreinheiten aufzunehmen. Eventuell mit einer sterilisierten Pinzette Fremdkörper (wie Steinchen, Sand) entfernen. Schürfwunden werden in der Regel nicht verbunden; sie heilen besser, wenn sie an der Luft trocknen können.

Tipp: Tragen Sie als Erste-Hilfe-Mittel stets eine kleine Tropfflasche mit 7fL bei sich. Da die Wassermenge im Fläschchen zum Reinigen von Wunden und um den Verband regelmäßig zu benetzen vermutlich nicht ausreicht, besorgen Sie sich ein Glas frisches Wasser und informieren Sie dieses »auf Vorrat« mit 9 Tropfen 7fL.

Schnittwunden

Bei stark blutenden, aber nicht verschmutzten Wunden sollte der betreffende Körperteil hochgelagert werden. Sterile Mullbinden oder im Notfall saubere Tücher in 7fL tränken und Wunde, Wundränder wie auch die Haut darum vorsichtig damit abtupfen, bis die Blutung aufhört.

Falls die Blutung stark ist, verwenden Sie am besten Eiswasser oder Wasser mit Eiswürfeln, dem Sie 9 Tropfen 7fL zugeben. Sobald die Blutung nachgelassen hat, vorsichtig verbinden. Eine Stunde lang alle 10 Minuten 9 Tropfen 7fL auf den Verband tropfen, ohne diesen abzunehmen.

Bei kleineren Schnitten reicht meist ein Pflaster, bis die Wunde vollständig abgeheilt ist.

Klaffende Wunden

Als erste Hilfe sogleich 9 Tropfen 7fL in und um die Wunde verteilen und dies möglichst alle 10 Minuten wiederholen. Bis zur ärztlichen Versorgung die Wunde mit einem sterilen Verband zumindest notdürftig versorgen und diesen alle 10 Minuten mit 9 Tropfen 7fL versehen. Die Erfahrung hat gezeigt, dass die Blutung nach einer Behandlung mit 7fL schnell aufhört und die Wundheilung so rasch eintritt, dass Nähen oder Klammern oft nicht mehr nötig sind.

> Anna Maria Rossi aus Forlì, 61 Jahre, benutzt schon seit längerer Zeit mit Erfolg die Lichtwässer. Sie hat die Erfahrung gemacht, dass heftige Hämorrhagien (Blutungen) in kürzester Zeit durch die Einnahme von 7fL und 7fSD (San-Damiano-Wasser) gestillt wurden.

Andere Stichwunden (Dornen, rostige Nägel usw.)

Bei diesen Wunden ist größte Vorsicht geboten, weil durch die Fremdkörper Krankheitskeime in den Körper gelangen können und die Gefahr von Starrkrampf besteht. Nach dem Entfernen des Fremdkörpers sollte man nach Möglichkeit versuchen, die Wunde zunächst zum Bluten zu bringen, wodurch sie gewissermaßen von innen heraus gereinigt wird. Dann legt man abwechselnd heiße und kalte Kompressen auf, die mit 9 Tropfen 7fL beträufelt wurden. Sobald die Wunde gut gesäubert ist, einen leichten Wundverband anlegen, auf den man wiederum 9 Tropfen 7fL träufelt.

> Maria Gabriella Scalise aus Modena, 54 Jahre, rutschte auf einer Hochgebirgstour auf vereistem Schnee aus und glitt etwa 200 Meter in dieTiefe, bevor ihr Eispickel sie kurz vor einem Abgrund zum Halten brachte; der Eispickel bohrte sich dabei allerdings in ihren rechten Arm. Die Wunden bluteten stark, und der Schock war natürlich gewaltig. Noch bevor man sie aus ihrer misslichen Lage befreien konnte, nahm Frau Scalise ihr Fläschchen mit 7fL aus dem Rucksack, träufelte das Lichtwasser, so gut es ging, in den Mund und auch auf die klaffende Wunde. Auch während des beschwerlichen Abstiegs wiederholte sie mehrmals die innerliche und äußerliche Anwendung von 7fL.
> Als sie mit ihrer Gruppe das Auto erreicht hatte, bemerkte sie, dass praktisch kein Blut mehr zu sehen war, und ließ sich daher gleich nach Hause fahren. Nach 10 Tagen war von der Verletzung, auch der tiefen, 10 Zentimeter langen Wunde am rechten Arm, kaum mehr etwas zurückgeblieben.

Biss- und Kratzwunden

Auch bei Verletzungen durch Haustiere oder wilde Tiere können gefährliche Krankheitserreger übertragen werden. Als erste Hilfe geht man wie bei Verletzung durch Dornen, rostige Nägel usw. vor. Je nach Art und Ausmaß der Verletzung ist ein Arzt zurate zu ziehen. Falls Impfungen vorgenommen werden, vorher und nachher reichlich 7fL trinken.

Insektenstiche

Sofort mit 7fL betupfen. Dann einen Wattebausch mit 7fL tränken, auf die Stichwunde legen und eine Stunde oder länger alle 10 Minuten erneuern, um eine Schwellung zu verhindern (z.B. bei Neigung zu allergischen Reaktionen). Außerdem alle 10 Minuten 9 Tropfen 7fL einnehmen.

Nasenbluten

9 Tropfen 7fL in beide Nasenlöcher träufeln und nach Bedarf regelmäßig alle 10 bis 20 Minuten wiederholen, bei starker Blutung auch öfter. Sich am besten etwas zurücklehnen; der Kopf sollte aber nicht tiefer als der Oberkörper liegen. Auch eine kalte Kompresse, auf die Nasenflügel gelegt, ist sehr wirkungsvoll. Die Kompresse regelmäßig alle 10 Minuten mit 9 Tropfen 7fL beträufeln und erneuern, wenn sie sich erwärmt hat.

Prellungen und Verstauchungen

Sofort mit 7fL abtupfen. Dann schnellstmöglich Eiswasser bereiten und mit 7fL mischen.

- In den ersten Stunden damit kalte Kompressen machen und auf die verletzte Stelle auflegen; erneuern, sobald sie sich erwärmt haben.
- Doppelter kalter Wickel: Ein dünnes Tuch mit kaltem 7fL tränken, leicht ausdrücken und auf die betroffene Stelle legen. Mit einem leichten trockenen Tuch bedecken und das Ganze mit einem warmen, wollenen Tuch umwickeln. Sie werden bemerken, dass der Schmerz damit schnell erträglich wird oder gar nicht erst auftritt und dass sich auch die Schwellung stark in Grenzen hält.
- Sie können auch eine Heilerde-Packung mit 7fL anrühren und großzügig auf die betroffene Stelle auftragen. Mit einem Tuch abdecken, das Sie regelmäßig mit 9 Tropfen 7fL benetzen.

Muskelschmerzen und Nervenentzündung (Nevritis)

Testen Sie zunächst, welche Temperatur Ihnen an der betroffenen Stelle am angenehmsten ist; in der Regel lindert Kühle die Beschwerden. Bereiten Sie eine Schüssel mit Wasser der bevorzugten Temperatur vor und geben Sie 18 Tropfen 7fL und 18 Tropfen 7fSD (San-Damiano-Wasser) hinein. Tränken Sie leichte Leinen- oder Baumwolltücher darin und legen Sie diese auf die schmerzenden Körperstellen. Decken Sie die feuchten Tücher mit einem trockenen Wolltuch ab und lassen Sie den Wickel etwa 2 Stunden einwirken.

- Huflattichpackung (Tussilago farfara): Eine Hand voll frische Huflattichblätter gründlich waschen, abtupfen und auf jedes Blatt 3 Tropfen 7fL geben. Getrockneten Huflattich einige Minuten in 7fL-Wasser einweichen. Den vorbereiteten Huflattich auf die betroffene Stelle legen und mit einer Mullbinde umwickeln. Oder die Huflattichblätter direkt auflegen, ein leichtes Tuch in kühlem 7fL-Wasser tränken, leicht ausdrücken, darüber legen. Mit einem trockenen Tuch und darüber einem Wolltuch bedecken, leicht befestigen und den

Wickel mindestens zwei Stunden einwirken lassen. Anschließend die Körperstelle mit 7fL-Wasser abtupfen.

– Eine Heilerdepackung unterstützt die Wirkung der Lichtwässer: Rühren Sie eine Portion Heilerde mit 7fL-Wasser an und verteilen Sie die feuchte Masse auf dem schmerzenden Bereich. Auch diese Packung sollten Sie 1 bis 2 Stunden einwirken lassen. Indem Sie mit 7fL angefeuchtete Tücher auflegen, können Sie das Austrocknen der Masse verzögern.

Gelenkschmerzen durch Überbeanspruchung

Wenn man ein Gelenk beim Sport oder bei einer ungewohnten Arbeit zu stark beansprucht hat, kann man die Schmerzen schnell lindern und die Heilung beschleunigen, indem man einen doppelten Wickel oder eine Heilerdepackung macht (siehe unter »Prellungen und Verstauchungen«).

INFEKTIONEN

Schnupfen

Träufeln Sie regelmäßig (mindestens alle zwei Stunden oder häufiger) im Wechsel 9 Tropfen 7fL und 9 Tropfen 7fSD (San-Damiano-Wasser) in die Nase, oder ziehen Sie das Wasser aus der Handfläche in die Nase. Je früher Sie die Lichtwässer anwenden, umso größer ist die Wahrscheinlichkeit, dass der Schnupfen abklingt, bevor er richtig zum Ausbruch gekommen ist.

Wenn die Haut der Nasenflügel bereits vom häufigen Schneuzen gerötet ist, betupfen Sie sie vorsichtig mit 9 Tropfen 7fSD.

Stirnhöhlenentzündung oder -vereiterung

Ein Dampfbad nach folgendem Rezept vorbereiten: 2 Liter Wasser zum Kochen bringen und vom Herd nehmen, 3 Esslöffel Kamillenblüten oder Calendulablüten dazugeben, 10 Minuten ziehen lassen, das Wasser abseihen und nochmals kurz erhitzen, aber nicht kochen. Nun geben Sie 18 Tropfen 7fL und 18 Tropfen 7fSD (San-Damiano-Wasser) dazu, legen einen Deckel auf, damit der Dampf nicht entweicht, und stellen das Gefäß auf einen Tisch oder ins Waschbecken, sodass Sie sich, auf einem Hocker oder Stuhl sitzend, bequem in etwa 15 Zentimeter Abstand darüber beugen können. Decken Sie Kopf, Schultern und das Gefäß mit einem Tuch ab, sodass an keiner Stelle Dampf entweichen kann. Nehmen Sie den Deckel ab und atmen Sie in tiefen Zügen mit weit geöffneten Nasenflügeln, offenem Mund und (falls erträglich) offenen Augen den Dampf ein. Nach etwa 10 Minuten sollte noch etwas kochendes Wasser nachgegossen werden.

Für die nächsten zwei Stunden sollten Sie sich warm halten und größere Temperaturschwankungen meiden. Wiederholen Sie die Prozedur mehrere Tage lang, auch nach Abklingen der Symptome.

Achtung: Wegen des feuchtheißen Dampfes sollten Asthmatiker auf diese Anwendung verzichten.

Grippe und fiebrige Infekte

Bereiten Sie sich eine größere Tropfflasche, halb mit 7fL und halb mit 7fSD (San-Damiano-Wasser) gefüllt, vor. Geben Sie eine Stunde lang alle 5 Minuten 9 Tropfen davon unter die Zunge. Falls Sie Fieber haben, nehmen Sie noch weitere zwei Tage lang, solange Sie wach sind, jede Stunde 9 Tropfen davon unter die Zunge. Trinken Sie viel: verdünnte, frisch gepresste Fruchtsäfte, Wasser, Kräuter- und Früchtetees, Gemüsebrühe.

MUND UND ZÄHNE

Zahnfleischbluten

Wenn Sie zu Zahnfleischbluten neigen, sollten Sie der Mundhygiene besondere Sorgfalt schenken, zum Beispiel durch regelmäßiges Reinigen der Zahnzwischenräume mit Zahnseide. (Lassen Sie sich die korrekte Anwendung beim Zahnarzt oder in der Apotheke zeigen.)

- Massieren Sie außerdem das Zahnfleisch regelmäßig mit 7fL-Wasser.
- Wenn das Zahnfleisch stark entzündet ist, bereiten Sie folgende Mischung zu: 2 Esslöffel Wasser, 9 Tropfen 7fL, 9 Tropfen 7fSD (San-Damiano-Wasser), 1 Esslöffel Apfelessig. Zahnfleisch hiermit massieren. Nach einigen Tagen können Sie den Anteil an Apfelessig erhöhen: 1 Teil Wasser und 1 Teil Essig.

Tipp: Das Zahnfleisch mit 7fL zu massieren hat eine stark belebende Wirkung. Um den Jetlag nach einer langen Flugreise zu vermeiden, massieren Sie das Zahnfleisch schon einige Zeit vor der Landung kräftig mit 7fL-Wasser und wiederholen Sie den Vorgang auch nach der Ankunft.

Aphten im Mund

Die quälenden weißen Flecke auf den Schleimhäuten des Mundes, die oft eine Woche lang anhalten, sind möglicherweise auf Vitaminmangel zurückzuführen. Überprüfen Sie deshalb Ihre Ernährungsgewohnheiten.

Verrühren Sie einen Esslöffel Heilerde mit 7fL, bis Sie einen flüssigen Brei erhalten, und tupfen Sie diesen vorsichtig auf die betroffenen

Stellen. Wiederholen Sie diese Anwendung nach Möglichkeit zweimal täglich drei Tage lang.

Abszess an den Zahnwurzeln

Legen Sie frische (oder auch getrocknete) Salbeiblätter (Salvia officinalis) in 7fL ein. Legen Sie jeweils ein Blatt auf den Abszess und erneuern Sie es ungefähr alle 20 bis 30 Minuten. Die Vereiterung klingt dadurch relativ schnell ab. Fahren Sie aber trotzdem noch einige Stunden mit der Behandlung fort. Und vor allem: Gehen Sie so bald wie möglich zum Zahnarzt!

Belegte Zunge

Eine belegte Zunge kann Zeichen einer unausgewogenen Ernährung oder gesundheitlicher Störungen sein. Falls Sie häufig oder ständig eine belegte Zunge haben, überprüfen Sie Ihre Ernährungs- und Lebensgewohnheiten (zum Beispiel können sich späte und reichhaltige Abendmahlzeiten negativ auswirken) und ziehen Sie Ihren Arzt zurate.

Zur symptomatischen Behandlung tauchen Sie eine saubere weiche Zahnbürste in 7fL-Wasser und bürsten Sie leicht über die Oberfläche der Zunge. Dies wird Ihnen bald zur Gewohnheit werden, denn Sie behalten davon einen angenehmen Geschmack im Mund und einen frischen Atem.

STOFFWECHSEL ALLGEMEIN

Anhaltende Müdigkeit, Abgeschlagenheit

Ein Bad, dem Sie 36 Tropfen 7fL zugefügt haben, wirkt ungemein erfrischend. Um abends nach dem Bad trotzdem schlafen zu können, fügen Sie zusätzlich 36 Tropfen 7fSD (San-Damiano-Wasser) zu.

Entschlacken

- Ein gutes Reinigungsmittel ist Birkenextrakt (Betula). Vielleicht können Sie im Frühjahr beim Schneiden Ihrer Birken im Garten den austretenden Pflanzensaft auffangen; verdünnen Sie ihn mit der gleichen Menge 7fL, und trinken Sie die Mischung auf nüchternen Magen oder vor den Mahlzeiten. Oder Sie bereiten einen Sud aus frischen oder getrockneten Birkenblättern zu: Übergießen Sie diese einfach mit kochend heißem Wasser; etwa 20 Minuten stehen lassen, dann abfiltrieren. Pro Glas dieser Flüssigkeit geben Sie 9 Tropfen 7fL zu und trinken mehrmals am Tag davon.
- Ein ausgezeichnetes Blutreinigungsmittel ist auch ein Maulbeerbaumtee (Morus spp.): Entweder ein frisches Maulbeerbaumblatt

mittlerer Größe oder einen Esslöffel getrocknete Blätter in eine Tasse kochendes Wasser geben. 10 Tropfen 7fL dazugeben und 10 Minuten ziehen lassen. Abseihen und nüchtern trinken. Besonders wirksam ist die kurmäßige Anwendung einmal wöchentlich morgens auf nüchternen Magen.

- Ein weiteres bewährtes Entschlackungsmittel, auch bei lange andauerndem Stress, bei ungünstigen Umweltbedingungen und wenn man mit dem Essen einmal über die Stränge geschlagen hat, ist die Große Klette (Arctium lappa): Man setzt ein frisches, möglichst großes Blatt (ungefähr zwei Handbreit groß) oder 1 Esslöffel getrocknete Blätter in ¼ Liter kaltem Wasser an, bringt dieses zum Kochen und nimmt es sogleich wieder vom Feuer. Zehn Minuten ziehen lassen, dann abseihen. 4 Tropfen 7fL und 4 Tropfen 7fMJ (Medjugorjewasser) hinzufügen und noch warm auf nüchternen Magen trinken.

SONSTIGES

Entzündete Krampfadern und schlecht heilende Wunden

- 10 frische Blätter der Großen Klette (Arctium lappa) oder zwei Hand voll getrocknete Blätter in zwei Liter kaltem Wasser ansetzen und 8 Tropfen 7fL sowie 8 Tropfen 7fMJ (Medjugorjewasser) zufügen. Kurz erhitzen, aber nicht zum Kochen bringen. Abkühlen lassen, abseihen und, sobald es Zimmertemperatur hat, die wunden Stellen damit auswaschen. (Sie können die restliche Flüssigkeit für weitere Anwendungen im Kühlschrank aufbewahren.) Die Anwendung mindestens zweimal täglich wiederholen.
- Oder 25 g frische Blätter der Großen Klette (Arctium lappa) waschen, leicht abtrocknen, die Stiele und alle harten Stellen entfernen, dann mit einem Glas Milch bei kleiner Hitze 5 Minuten kochen. Abkühlen lassen, 4 Tropfen 7fL, 4 Tropfen 7fMT (Montichiariwasser) und 4 Tropfen 7fMJ (Medjugorjewasser) zufügen. Die Blätter leicht ausdrücken. Mit der Flüssigkeit die wunden Stellen waschen, mit den Blättern Wickel oder Kompressen machen, und zwar mindestens zweimal am Tag.

Immunschwäche

Bei häufigen Infekten und Anfälligkeit beispielsweise für so genannte Erkältungskrankheiten versuchen Sie folgenden Tee: 1 Esslöffel weiße Maulbeerbaumblätter, 1 Esslöffel getrocknete Parietariablätter, 1 Esslöffel

Artischockensamen oder Fenchelsamen nacheinander in 1 Liter kochendes Wasser geben. 5 Tropfen 7fL, 5 Tropfen 7fMT (Montichiariwasser) und 3 Tropfen 7fMJ (Medjugorjewasser) zufügen und alles 6 Minuten ziehen lassen. Abseihen und den Tee morgens auf nüchternen Magen trinken.

Gallensteine

Drei frische Mispelblätter waschen und klein hacken oder drei Esslöffel getrocknete Mispelblätter leicht zerbröseln. Ein Liter Wasser zum Kochen bringen und die Mispelblätter ungefähr zehn Minuten darin ziehen lassen. Täglich 2 Tassen davon unter Zugabe von jeweils 6 Tropfen 7fL auf nüchternen Magen trinken.

Herzinfarkt

Mariangela Di Cagno, 72 Jahre, erlitt am 25. 8. 1996 nachts einen Herzinfarkt. Sie war allein in ihrer Wohnung in Mailand und scheute sich, Hilfe zu rufen. Sie kennt die Lichtwässer seit vielen Jahren und hat sie mit Erfolg benutzt. Trotz starker Schmerzen erreichte sie das Regal mit den Wasserfläschchen und nahm während der folgenden Stunden, so weit es ihr Zustand erlaubte, in regelmäßigen Abständen 7fL ein. Als ihre Schwester am folgenden Morgen zu ihr kam, bestand sie auf einem dringenden Transport ins Krankenhaus, wo man Mariangela gleich auf der Intensivstation behalten wollte. Sie erklärte jedoch, sie sei nur zu einer Kontrolle gekommen. Da sie keine Medikamente nehme, sondern sich mit Lichtwasser therapiere, sei es ihrer Ansicht nach nicht sinnvoll, sie im Krankenhaus zu behalten. Etwas fassungslos ließen die Ärzte sie gehen.
In der folgenden Nacht kombinierte sie 7fL mit 7fMJ (Medjugorjewasser), das sie wiederum in sehr kurzen Abständen einnahm. Tagsüber trank sie große Mengen 7fMT4, 7fSMF4 (andere, stark polarisierte Lichtwässer, auf die hier nicht näher eingegangen wird) sowie 7fMJ mit 7fFT (Fatimawasser). Daran schloss sich eine Behandlung im Lichtwasserzentrum in Bari an.
Seither hat sie weder Herzschmerzen noch sonstige Symptome gehabt und führt weiterhin ein außerordentlich dynamisches Leben.

Montichiariwasser

Abkürzung	7fMT (7 Frequenzen, Montichiari)
Vorwiegende Energie	magnetisch
Vorwiegende Wirkung auf	Stoffwechsel
Harmonische	4 (Zellwachstum)
Vorwiegende Frequenzen	B und F
Resonanz	mit dem Entoderm (inneres Keimblatt)

Montichiariwasser ist allgemein dem Stoffwechsel zuträglich. Wenn Sie im Folgenden zum Beispiel Hinweise für den Gebrauch sowohl bei Durchfall als auch bei Verstopfung finden, ist das kein Widerspruch. Denn es handelt sich bei den Lichtwässern ja nicht um pharmazeutische Substanzen, die ein bestimmtes Symptom unterdrücken sollen, sondern um harmonisierend, ausgleichend wirkende Mittel.

Montichiariwasser ist das ideale Wasser für schwangere Frauen. Werdende Mütter sollten während der ganzen Schwangerschaft alle Speisen und Getränke mit 9 Tropfen 7fMT »informieren«.

Da dieses Lichtwasser generell die Verdaulichkeit und Verträglichkeit von Nahrungsmitteln erhöht, können Sie es stets in der Küche bereithalten, um es den Speisen und Getränken kurz vor dem Servieren zuzufügen.

MAGEN

Magenverstimmung

Bei allgemeiner Magenverstimmung, auch in Zusammenhang mit einer Unterkühlung oder einer drohenden Grippe, halten Sie eine Tropfflasche mit 7fMT-Wasser bereit und nehmen Sie in regelmäßigen Abständen jeweils 9 Tropfen ein: etwa alle zwanzig Minuten über eine oder mehrere Stunden hinweg oder bei starken Beschwerden alle fünf Minuten oder sogar öfter. Den einmal gewählten Rhythmus sollten Sie nach Möglichkeit beibehalten.

Übelkeit, Brechreiz

Bei Völlegefühl oder Übelkeit aufgrund allzu üppiger Nahrungsaufnahme, die ohnehin meist mit vermehrtem Durstgefühl einhergeht, können Sie ruhig so viel 7fMT-Wasser trinken, wie Sie wollen. Oder Sie nehmen einfaches Wasser als Durstlöscher, dem Sie pro Glas 1 bis 2 Teelöffel Apfelessig und wiederum 9 Tropfen 7fMT zufügen.

- Wenn Sie keinen großen Durst haben, tropfen Sie regelmäßig, alle 10 Minuten über eine Stunde oder länger, abwechselnd je 9 Tropfen 7fMT und 7fSD (San-Damiano-Wasser) unter die Zunge.
- Auch ein Kamillenteeabsud hilft: 2 Esslöffel Kamillenblüten in 1 Liter kaltem Wasser ansetzen, zum Kochen bringen und drei Minuten bei kleiner Hitze weiterkochen lassen. 12 Tropfen 7fMT und 6 Tropfen 7fMJ (Medjugorjewasser) zufügen und nach Belieben warm, lauwarm oder kalt trinken.
- Wer ätherisches Minzöl zur Behandlung von Übelkeit schätzt, kann dieses mit 9 Tropfen 7fMT mischen, dann wie üblich auf ein Taschentuch träufeln und einatmen. Sie werden bemerken, dass es trotz der »Verdünnung« mit dem Lichtwasser angenehmer und nachhaltiger duftet und dass seine wohltuende Wirkung stärker zur Geltung kommt.
- Wenn die Übelkeit auf die Nebenwirkung von Medikamenten zurückzuführen ist, erhöhen Sie die täglich eingenommene Menge von 7fMT, und nehmen Sie dieses besonders vor und nach den Medikamenten ein.
- Unwohlsein und Erbrechen während der Schwangerschaft lässt sich besonders gut mit 7fMT behandeln. Aber auch wenn Sie keine solchen Beschwerden haben, sollten Sie während der gesamten Schwangerschaft viel 7fMT trinken und Ihren Speisen zufügen.

Übelkeit nach Chemotherapie

Das mit einer Chemotherapie einhergehende Unwohlsein kann stark gemindert werden, wenn täglich (also auch an Tagen, an denen keine Chemotherapie ausgeführt wird) reichlich 7fMT getrunken wird. Es sollten dreimal täglich mindestens 3 Tropfen pro Kilogramm Körpergewicht eingenommen werden. Für eine bessere Wirkung empfiehlt es sich, zusätzlich alle Speisen und Getränke mit je 9 Tropfen 7fMT zu versetzen.

Lebensmittelunverträglichkeiten

Lebensmittelunverträglichkeiten sind heute zunehmend ein Problem, das allerdings von der »klassischen« Allergologie oft nicht erkannt wird. Wenn Sie den Verdacht haben, unter einer Lebensmittelunverträglichkeit zu leiden, lohnt sich in jedem Fall ein Versuch mit 7fMT, am besten in Verbindung mit 7fL (Lourdeswasser). Nehmen Sie vor dem Essen jeweils 9 Tropfen dieser Lichtwässer ein und beträufeln Sie auch den mutmaßlichen »Störenfried« jeweils mit 9 Tropfen.

DARM

Blähungen

Achten Sie darauf, Ihre Mahlzeiten in Ruhe zu verzehren, gut zu kauen und einzuspeicheln (auch die Getränke!) und keine Luft mitzuschlucken.

- Speisen, die bei Ihnen erfahrungsgemäß Blähungen hervorrufen (z.B. Hülsenfrüchte, Artischocken, Zwiebeln oder Kohl), behandeln Sie am besten vorsorglich mit 7fMT. Getrocknete Hülsenfrüchte weichen Sie in 7fMT-Wasser ein; sie werden dadurch auch schneller gar. Blähende Gemüse können unter Zugabe von 7fMT gekocht, gedünstet oder gegrillt werden.
- Fenchelsamentee vor dem Essen: Bringen Sie einen Liter Wasser zum Kochen, geben Sie einen gehäuften Esslöffel Fenchelsamen dazu und lassen Sie das Ganze bei kleiner Hitze drei Minuten weiterkochen. Nehmen Sie den Tee vom Herd, lassen Sie ihn noch etwa 15 Minuten durchziehen und seihen Sie ihn dann ab. Geben Sie 27 Tropfen 7fMT hinzu. Der Tee kann ohne weiteres 3 Tage lang in einem geschlossenen Glasgefäß im Kühlschrank aufbewahrt werden. Erwärmen Sie jeweils eine Tasse davon vor dem Essen, und trinken Sie den lauwarmen Tee in kleinen Schlucken.
- Zum Essen sollten Sie nach Möglichkeit nicht trinken, außer 7fMT-Wasser in ganz kleinen Schlucken. Dazu können Sie das Wasser ausnahmsweise mehrfach abkochen: Mischen Sie einen Liter Wasser mit 9 Tropfen 7fMT und bringen Sie es zum Kochen. Sobald das Wasser sprudelnd kocht, heben Sie den Topf kurz von der Herdplatte ab und setzen Sie ihn dann wieder auf die Platte, bis das Wasser erneut stark aufkocht. Wiederholen Sie diesen Vorgang mehrmals. Das Wasser verliert zwar etwas von seiner Schwingungsintensität, ist aber besonders wirksam bei Blähungen und bei Schluckauf.

Blähungen bei Kleinkindern

Säuglinge und Kleinkinder, die ohne ersichtlichen Grund schreien, leiden oft unter Blähungen, die sehr schmerzhaft sein können. Geben Sie 9 Tropfen 7fMT ins Fläschchen, oder träufeln Sie 9 Tropfen 7fMT vor dem

Stillen direkt in den Mund des Babys. Auch den ersten Breimahlzeiten fügen Sie 7fMT bei, damit sie besser verträglich sind.

Verstopfung

Die Ursachen einer chronischen Verstopfung sollten unbedingt genauer untersucht werden. Dabei bedarf es meist einer ganzheitlichen Behandlung, weil nicht nur die Ernährungs- und Essgewohnheiten, sondern auch grundsätzlich der Lebensstil, die psychische Situation, eventueller Bewegungsmangel und womöglich andere gesundheitliche Faktoren wie eine zu spärliche Produktion von Gallenflüssigkeit eine Rolle spielen können.

Äußere Anwendungen:

- Morgens während der Körperpflege eine kleine Schüssel mit gekühltem 7fMT-Wasser (eventuell unter Beigabe von 7fL und 7fMJ) bereitstellen. Mit der Hand hineintauchen, etwas Wasser aufnehmen und dann mit leichten oder auch energischeren kreisenden Streichbewegungen den Bauch massieren. Dabei beginnt man jeweils rechts unten in der Schenkelbeuge und bewegt die Hand im Uhrzeigersinn nach oben, dann knapp unterhalb der Taille von rechts nach links und dort wieder abwärts zur linken Beinbeuge. Dies entspricht nämlich dem natürlichen Verlauf des Dickdarms, der durch die Massage auch mechanisch in seiner Tätigkeit angeregt wird. Dabei immer wieder die Hand in die Schüssel tauchen, um frisches Lichtwasser zu schöpfen.
- Falls der Stuhl besonders hart ist, gelegentlich kühle oder lauwarme Klistiere mit 7fMT-Wasser machen. Die Menge des Klistierwassers ist abhängig von der individuellen Reaktion: Unter Umständen genügt ein ganz geringer kühler oder kalter Anreiz, um den Enddarm in Bewegung zu setzen. Bei anderen Menschen hingegen müssen mehrere Klistiere hintereinander verabreicht werden, um eine gründliche Reinigung des Darms zu bewirken.
  Vorsicht: Klistiere sollten, ähnlich wie Abführmittel, nicht gewohnheitsmäßig angewendet werden.

Innere Anwendungen:

- Morgens gleich nach dem Aufwachen ein oder zwei Gläser Wasser trinken, dem jeweils 9 Tropfen 7fMT zugefügt wurden. Die Wassertemperatur bleibt dabei Ihnen überlassen. Finden Sie selbst heraus, ob Ihr Darm besser mit heißem, warmem, kühlem oder kaltem Wasser in Gang kommt.
- Fünf Minuten lang alle zwanzig Sekunden 9 Tropfen 7fMT unter die Zunge träufeln.

- Eine Zitrone auspressen, mit einer Tasse heißem Wasser aufgießen und 9 Tropfen 7fMT hinzufügen. So heiß wie möglich trinken.

Die Durchführung der Basisanwendung (siehe Seite 61) führt meist zu einer Normaliserung der Darmtätigkeit.

Durchfall

Durchfall kann recht verschiedene Ursachen haben. Wenn der Körper versucht, sich dadurch von Giftstoffen oder für ihn unverträglichen Substanzen zu befreien, sollte man ihn bei dieser Aufgabe unterstützen; die Heilung wird umso schneller voranschreiten. Ein Klistier leistet in solchen Fällen vorzügliche Hilfe. Sie können dazu gewöhnliches, vorher abgekochtes Wasser oder Kamillentee oder auch schwarzen Kaffee benutzen. (Schwarzer Kaffee regt, als Klistier verabreicht, die Gallentätigkeit an und fördert die Entgiftung des Körpers; in den Vereinigten Staaten ist diese Methode bei naturheilkundlich orientierten Ärzten weit verbreitet.)

- In jedem Fall sollte das Wasser warm sein, um den ohnehin gereizten Darm zu beruhigen. Geben Sie 36 Tropfen 7fMT und 36 Tropfen 7fSD (San-Damiano-Wasser) hinzu.
- Das größte Risiko bei wiederholtem, wässrigem Durchfall ist der Flüssigkeitsverlust. Deshalb ist vor allem bei Kleinkindern und bei älteren Menschen darauf zu achten, dass durch Trinken wieder genügend Flüssigkeit zugeführt wird. Man kann einfaches Wasser, Kräutertee oder leichten schwarzen Tee (hat leicht astringierende Wirkung) geben. Die Tees können mit etwas Honig gesüßt werden, der ebenfalls wertvolle Mineralsalze zuführt. Auch verdünnte Obst- oder Gemüsesäfte, die ebenfalls dem Verlust an Mineralsalzen entgegenwirken, eignen sich. Weiter sind Getränke oder Speisen mit frischem Joghurt sinnvoll, weil sie den Wiederaufbau einer gesunden Darmflora unterstützen.
- Alle Getränke und Speisen sollten mit jeweils 9 Tropfen 7fMT versehen werden. Zusätzlich können Sie in regelmäßigen Abständen tropfenweise Montichiariwasser einnehmen, je nach Schwere des Durchfalls etwa dreimal pro Minute oder pro Stunde.

Hämorrhoiden

Die äußerliche Anwendung von 7fMT bringt zwar meist in kurzer Zeit eine gewisse Linderung, ist aber nur als symptomatisch zu betrachten. In jedem Fall ist es wichtig, die zugrunde liegende Ursache zu ermitteln und zu beheben.

- Vor dem Mittagessen immer ein Glas Wasser oder Kräutertee mit 9 Tropfen 7fMT trinken.
- Nach Möglichkeit mehrmals täglich, zumindest aber nach jedem Gang zur Toilette, kühle oder kalte Sitzbäder mit jeweils 36 Tropfen 7fMT vornehmen.
- Bei Schmerzen oder starkem Juckreiz helfen kalte Kompressen. Man kann dazu einfaches kaltes Wasser, einen Eichenrindenabsud oder mit 1 Esslöffel Apfelessig versetztes Wasser benutzen. In jedem Fall 12 Tropfen 7fMT mit der Flüssigkeit mischen. Die Kompressen erneuern, sobald sie sich erwärmen.
- Kühle oder kalte Waschungen mit 7fMT-Wasser: Dabei aber nur sanft tupfen und auch bei starkem Juckreiz nie kräftig reiben, da sonst die ohnehin empfindliche Haut noch stärker gereizt würde.
- Rühren Sie zwei Esslöffel Heilerde mit so viel 7fMT an, dass ein leicht flüssiger Brei entsteht. Streichen Sie diesen auf die entzündeten Stellen und um die Hämorrhoiden auf und lassen Sie die Packung in Bauchlage in einem warmen Raum liegend einwirken. Nach spätestens 14 Minuten die Heilerde mit lauwarmem Wasser (Dusche oder Sitzbad) abspülen. Mit 7fMT nachspülen.
- Wenn Sie eine Heilerdepackung für einige Stunden oder sogar die ganze Nacht über einwirken lassen wollen, sollten Sie eine größere Menge Heilerde (ungefähr 300 Gramm) mit 7fMT anrühren und außerdem 1 bis 2 Esslöffel reines Olivenöl oder ein anderes, möglichst kaltgepresstes Öl hinzufügen, damit die Packung lange weich und geschmeidig bleibt. Bedecken Sie die Packung mit einem Baumwoll- oder Leinentuch und legen Sie ein großes Wolltuch darüber, damit Sie nicht auskühlen.

KÖRPERGEWICHT

Bei Schwierigkeiten, das individuelle, gesunde Idelagewicht zu erreichen oder zu halten, sollten nicht nur die Ernährungsgewohnheiten, sondern die gesamte Lebenssituation überprüft werden. In jedem Fall lohnt es, 7fMT-Wasser in den Tagesablauf mit einzuplanen.

Übergewicht

Beim Aufwachen sogleich 2 Gläser Wasser mit je 9 Tropfen 7fMT trinken. Über den Tag verteilt außerhalb der Mahlzeiten mindestens 1 bis 1,5 Liter 7fMT-Wasser trinken, und zwar möglichst in kleinen Schlucken, die lange im Mund behalten und sozusagen »gekaut« werden. Jedesmal, wenn Sie ein unbegründetes Hungergefühl überfällt, nehmen Sie einen Schluck Montichiariwasser oder besser noch vorbeugend vorher, damit der Magen nie leer bleibt.

Zum Wasserkonsum hat bereits vor vielen Jahren Viktor Schauberger die Beobachtung gemacht, dass besonders reines und frisches Quellwasser offensichtlich vom Körper anders »verwertet« wird als normales Wasser. Schauberger hielt fest: »Bei lebendigem Wasser wird ein Teil sofort in Energie umgewandelt, bei totem Wasser nicht.« Dasselbe scheint auf Leitungswasser oder Flaschenwasser zuzutreffen, das mit Lichtwasser »informiert« wurde.

Untergewicht

Wenn Sie keine großen Mengen auf einmal essen können, gewöhnen Sie sich kleine Zwischenmahlzeiten in ausgewogener Zusammensetzung an.

Geben Sie auf alles, was Sie essen oder trinken, je 9 Tropfen 7fMT und 7fMJ, und tröpfeln Sie auch zwischendurch immer wieder etwas von beiden Wässern unter die Zunge oder direkt in den Mund.

FRAUENLEIDEN

Blasenentzündung

Das Simillimum für entzündliche («elektrische«) Vorgänge im Allgemeinen ist Lourdeswasser, und auch bei Blasenentzündungen liegen Sie damit nicht falsch. Da aber Blase und Harnleiter dem Entoderm (inneres Keimblatt) entstammen, ist die Resonanz zu einem »magnetischen« Wasser wie 7fMT sehr stark. Die Nieren hingegen sprechen sehr gut auf 7fMJ (Medjugorjewasser) an. Bei Schmerzen geben Sie noch 7fSD (San-Damiano-Wasser) hinzu. Sie können also zwei oder mehr Lichtwässer zusammen oder im Wechsel anwenden.

- Als vorbeugende Maßnahme machen Sie regelmäßig ein- oder zweimal täglich kühle Waschungen mit 7fMT-Wasser.
- Innerliche Anwendung: Mindestens einen Monat lang regelmäßig das Trinkwasser, Kräutertees und Säfte mit jeweils 9 Tropfen 7fMT versetzen oder die Basisanwendung (siehe Seite 61) durchführen.
- Ein warmes Sitzbad nehmen, dem Sie 36 Tropfen 7fMT und eventuell die gleiche Menge 7fL und 7fMJ oder 7fSD zugefügt haben. Das Sitzbad kann natürlich nach Belieben auch aus einem Kamillen- oder Malvenabsud bestehen. Fügen Sie aber die Lichtwässer erst in dem Moment hinzu, in dem Sie den Absud in das Sitzbecken geben.
- Lauwarme Waschungen: Reiben Sie mehrmals den ganzen Unterleib mit einem feuchten Tuch ab, auf das Sie 18 Tropfen Lichtwasser geträufelt haben.

- Warme Kompressen. Erhitzen Sie ungefähr ½ Liter Wasser und fügen Sie 9 Tropfen 7fMT sowie eventuell 9 Tropfen 7fL, 7fMJ oder 7fSD zu. Tauchen Sie ein Frotteetuch hinein, wringen Sie es gut aus und legen Sie es sich auf den Unterleib oder umwickeln Sie damit die Lendengegend. Legen Sie trockene Tücher und eine warme Decke (eventuell zusätzlich noch eine Wärmflasche) darüber, um sich warm zu halten. Lassen Sie die Kompresse wirken, solange die wohltuende Wärme anhält.
- Kneippscher Leibwickel. Besprenkeln Sie ein feuchtes, kühles Tuch mit 7fMT, eventuell auch mit 7fL, 7fSD oder 7fMJ, legen Sie es sich um den Leib und wickeln Sie ein trockenes Tuch und eine warme, wollene Decke darüber. Bei dieser Anwendung sollten Sie nach Möglichkeit im Bett bleiben, damit der Wickel nicht verrutscht. Lassen Sie den Wickel mindestens ein bis zwei Stunden wirken. Wiederholen Sie die Anwendung täglich auch noch einige Tage nach Abklingen der Beschwerden. Vor allem, wenn Sie zu häufigen Blasenentzündungen neigen, sollten Sie diese Behandlung mit Beharrlichkeit anwenden, um die Abwehrkräfte des Organismus zu stärken.

Unterleibsbeschwerden

Montichiariwasser kann ganz allgemein als das »Lichtwasser der Frau« angesehen werden. Die Anwendungsgebiete sind sehr weitreichend.

- Bei Regelschmerzen legt man am besten einen warmen, feuchten Wickel, dem 9 Tropfen 7fMT zugefügt wurden, auf den Unterleib und hält das Ganze durch Auflage einer Wärmflasche so lange wie möglich warm. Je nach Bedarf mehrmals erneuern.
- Bei prämenstruellen Beschwerden (Empfindlichkeit der Brüste, Aufgedunsensein, Gemütsschwankungen, Nervosität usw.) hilft ein Bad mit je 36 Tropfen 7fMT und 7fFT (Fatimawasser) oder das Besprühen des Körpers nach einer warmen Dusche mit 7fMT. Auch eine sanfte Massage des Unterleibs und der Brüste mit dem Lichtwasser wird meist als angenehm empfunden und entspannt.
- Bei unregelmäßigem Zyklus die Basisanwendung (siehe Seite 61) durchführen.
- Falls Ihnen der Gynäkologe Spülungen verordnet, können Sie der Spülflüssigkeit 9 Tropfen 7fMT pro Liter zufügen.
- Bei allen Entzündungen im Unterleib helfen Waschungen oder Sitzbäder mit je 36 Tropfen 7fMT, 7fMJ (Medjugorjewasser) und 7fSD (San-Damiano-Wasser).

MÄNNERLEIDEN

Prostatabeschwerden

- Als vorbeugende Maßnahme empfiehlt es sich für Männer über 40, regelmäßig ungesalzene Kürbiskerne zu verzehren (am besten steyrische mit weicher Schale). Außerdem sollte mindestens einen Monat lang, nach Möglichkeit aber über einen längeren Zeitraum die Basisanwendung (siehe Seite 61) durchgeführt werden.
- Bei akuten Beschwerden wirken Kneippsche Kompressen besonders lindernd: Einen dünnen Lappen in kühles 7fMT-Wasser tauchen, leicht auswringen und zwischen Hoden und After legen. Ein trockenes Tuch und ein warmes, wollenes Tuch darüber legen, so dass die Kompresse nicht rutscht.

Auch ein doppelter Wickel, nach derselben Methode über den ganzen Unterleib angelegt, hilft gegen die Beschwerden. Wickel wie auch Kompresse werden im Liegen angewendet.

SONSTIGES

Schwellungen, Prellungen, Verrenkungen, Blutergüsse

Als erste Hilfe lindern Eispackungen oder kühle Wickel mit 7fMT die Schwellung. Danach bewirken Kneippsche Wickel mit 7fMT ein schnelles Abklingen der Beschwerden. Bei besonders schmerzhaften Verletzungen geben Sie 7fSD (San-Damiano-Wasser) hinzu.

Sauna

Machen Sie den Aufguss am Ende jedes Saunagangs mit Lichtwasser!

Besonderes

Wer Bachblütenextrakte in 7fMT ansetzt, wird feststellen, dass diese besonders wirksam sind. Versuchen Sie es doch einmal!

Medjugorjewasser

Abkürzung	7fMJ (7 Frequenzen, Medjugorje)
Energie	polarisiert
Vorwiegende Wirkung auf	Immunsystem
Harmonische	5 (Immunsystem)
Vorwiegende Frequenzen	C, E und D
Resonanz	zum Mesoderm (mittleres Keimblatt)

Dieses Wasser ist besonders geeignet für alle Probleme, die die »Struktur« betreffen, also Knochen, Muskeln und Gelenke. Außerdem hat das Medjugorjewasser auf Grund der Frequenz D einen starken Bezug zur Körperachse, das heißt zur aufrechten Haltung des Menschen. Deshalb werden Rücken- und Wirbelsäulenprobleme besonders erfolgreich mit diesem Wasser behandelt.

KÖRPERHALTUNG

Kein Mensch ist hundertprozentig symmetrisch, vielleicht steht eine Schulter etwas höher als die andere oder die eine Hüfte steht ein wenig vor. Unbewusst nehmen wir bei der Arbeit, im Sitzen und sogar im Schlaf bestimmte Haltungen ein, bei denen einige Muskelpartien stärker zusammengezogen werden als andere. Da Körperhaltungen meist zur Gewohnheit werden, sind dadurch also einzelne Muskelstränge ständig verkürzt oder sogar verkrampft.

So erstaunlich es klingen mag: Das Auftragen von 9 Tropfen 7fMJ nach bestimmten Regeln vermag ganze Körperteile zu entspannen und so die Symmetrie wieder herzustellen.

- Stellen Sie sich vor den Spiegel und beobachten Sie, ob eine Schulter höher steht als die andere und welche Körperseite verspannter, stärker »zusammengezogen«, das heißt verkürzter erscheint. Geben Sie je

9 Tropfen 7fMJ und 7fSD (San-Damiano-Wasser) in eine Handfläche und tauchen die Kuppe des Mittelfingers der anderen Hand hinein. Reiben Sie damit leicht über das innere Ende des Schlüsselbeins (rechts und links des »Salzfässchens« am unteren Ende des Halses), im Uhrzeigersinn über das der entspannteren Seite (meist der tiefer hängenden Schulter) und gegen den Uhrzeigersinn auf der verspannteren Seiten (meist auf der Seite der höher stehenden Schulter). Wer Shiatsu oder die Reflexzonenmassage kennt, weiß, dass eine rechtsdrehende oder sich im Uhrzeigersinn bewegende Massage anregt und stärkt, eine Massage in entgegengesetzter Richtung hingegen entspannend wirkt.
– In der kleinen Grube, die sich gleich unter dem unteren Rand des Schädels am Hinterkopf befindet, tragen Sie mit dem Mittelfinger 7fMJ in kleinen kreisenden Bewegungen auf: einmal rechtsherum, einmal linksherum, stets im Wechsel, eine Minute lang. Auf das Steißbein tragen Sie ebenfalls 9 Tropfen 7fMJ auf. Zusätzlich können Sie mit den Handflächen den ganzen Rücken von der Wirbelsäule zu den Seiten hin mit Medjugorjewasser bestreichen.

Auch wenn Sie sofort eine günstige Wirkung bemerken, sollten Sie die Behandlung dennoch weiter mit Ausdauer und Regelmäßigkeit durchführen. Die unsymmetrische Körperhaltung haben Sie sich schließlich auch in vielen Jahren der Gewöhnung angeeignet!

Gleichgewichtsstörungen

Bei anhaltenden Gleichgewichtsstörungen ist in jedem Fall eine genaue diagnostische Abklärung notwendig.

– Häufig helfen bereits Wachskegel zur sanften, aber gründlichen Reinigung der Ohren.
– 7fMJ steht in besonderer Resonanz zu allen Symmetrie- und Gleichgewichtsfunktionen. Verwenden Sie es daher nach Belieben innerlich (je 9 Tropfen Speisen und Getränken zufügen) und äußerlich in Form von Waschungen, Packungen und Bädern.

Rückenschmerzen

Es gibt vermutlich fast so viele Arten von Rückenschmerzen wie Patienten: Ursachen und Symptome sind so weit gefächert, vielschichtig und komplex, dass jeder Fall ein Einzelfall ist. Dennoch kann Medjugorjewasser in Verbindung mit anderen möglichst sanften und natürlichen Methoden helfen. Selbst bei starken Schmerzen lässt sich durch die Verwendung von 7fMJ oft die

Menge der benötigten Analgetika deutlich reduzieren. Besonders erfolgreich ist in diesem Zusammenhang die Aurikulotherapie (Ohrakupunktur nach Nogier, siehe Seite 49), wenn der benutzte Stift mit 7fMJ-Wasser »informiert« wurde.

Sauna und Dampfbad

- Die wohltuende Wärme der Sauna entspannt die Gewebe bis in die Tiefe und fördert deren Durchblutung. Den abkühlenden Guss nach jedem Saunagang kann man mit 7fMJ-Wasser durchführen. Oder man reibt sich nach jedem Saunagang mit einem in kaltem 7fMJ-Wasser getränkten Tuch ab oder wickelt sich in ein Laken, das in kaltes 7fMJ-Wasser getaucht wurde. Kalt duschen oder in ein kaltes Schwimmbecken tauchen kann bei Menschen, die unter akuten Rückenschmerzen leiden, eine zu heftige Kontraktion (Zusammenziehen) der Muskulatur hervorrufen, was gerade vermieden werden soll.
- Das Dampfbad oder türkische Bad wirkt ebenfalls sehr entspannend und entgiftend. Dem Wasser, mit dem der Dampf hergestellt wird, können ätherische Öle zugefügt werden (in diesem Fall besonders entspannende Öle wie Orangen- oder Mandarinenöl, Petit Grain, Lavendel, Rosenholz, Lemongrass, Kamille, Zeder) und natürlich 9 Tropfen 7fMJ pro Liter Wasser.

KNOCHEN UND GELENKE

Viele Gelenkerkrankungen gehen auf Stoffwechselstörungen zurück. Deshalb hat das Entgiften und Entschlacken bei diesen Beschwerden immer eine große Bedeutung. Also vor allem genügend trinken! Die richtige Flüssigkeitsmenge ist individuell verschieden je nach Konstitution, Alter, Tätigkeit und allgemeinen Ernährungsgewohnheiten (Essen von Obst, Salaten, Suppen), sie bewegt sich zwischen 2 und 3 Liter täglich.

Diese Flüssigkeitsmenge sollte aus reinem Wasser und zum Teil auch aus speziellen Kräutertees sowie Frucht- und Gemüsesäften bestehen. Besonders geeignet sind als Tee: Weidenrinde, Brennnessel, Löwenzahn und Wacholderbeeren (auch nüchtern gekaut). Dazu täglich 1 bis 2 Gläser frisch gepressten Saft aus rohen Kartoffeln, den man geschmacklich zum Beispiel mit Möhrensaft aufbessern kann, oder 1 bis 2 Esslöffel frischen Löwenzahnsaft in einem Glas warmem Wasser verdünnt. Allen diesen Getränken fügt man 9 Tropfen 7fMJ zu.

Rheuma und Knochenerkrankungen

10 frische oder getrocknete Salbeiblätter mit einer Tasse Wasser aufkochen. 5 Tropfen 7fMJ zufügen und warm morgens nüchtern trinken.

Akute Schmerzen bei Arthritis und Arthrose

- Ein- bis zweimal wöchentlich ein warmes Bad nehmen, dem man 2 Liter Haferstrohabsud, 36 Tropfen 7fMJ und 36 Tropfen 7fL (Lourdeswasser) zufügt. Je nach Konstitution und Gesundheitszustand kann das Bad 20 bis 60 Minuten dauern; falls nötig heißes Wasser nachlaufen lassen. Auch Sprudelbädern setzt man 36 Tropfen 7fMJ zu. Die Massage durch die feinen Wasserstrahlen wirkt besonders entspannend und lindernd.
- Bei akuten Schmerzen sind auch Wechselbäder mit je 36 Tropfen 7fMJ und 7fSD (San-Damiano-Wasser) eine Wohltat. Da kaum jemand zwei Wannen zur Verfügung hat, kann man auch nach dem warmen Bad jeweils kurz kühl duschen oder sich am Waschbecken kalt abwaschen und dann gleich wieder in die warme Wanne steigen.
- Heublumensäckchen (selbst gemacht oder im Reformhaus fertig gekauft) wirken entschlackend und schmerzlindernd. Man verwendet sie, wenn der schmerzende Körperteil sich kalt anfühlt. Etwa 2 Liter Wasser zum Kochen bringen, vom Herd nehmen, 18 Tropfen 7fMJ zufügen und den Heublumensack für 3 bis 4 Minuten hineinlegen. Das Säckchen herausnehmen, leicht ausdrücken und mit der Hand die Temperatur prüfen. Auf die schmerzende Stelle legen und so abdecken und befestigen, dass die feuchte Wärme möglichst lange erhalten bleibt.
- Auch Heilerdepackungen helfen bei Gelenkerkrankungen. Rühren Sie je nach Größe der Packung 2 bis 10 Esslöffel Heilerde mit 7fMJ und 7fSD (San-Damiano-Wasser) an. Tragen Sie die Masse dick auf die schmerzenden Stellen auf und decken Sie sie mit einem Baumwoll- oder Leinentuch ab. Eine Wolldecke darüber hält den Körper warm. Danach mit 7fMJ-Wasser abwaschen.

Meniskusverletzung

> Mariangela di Cagno, 72 Jahre alt, war immer wieder gestürzt. Nach einem besonders unglücklichen Sturz zeigte die Röntgenaufnahme, dass der Meniskus aus der Kapsel gesprungen war. Das Bein schmerzte sehr und musste natürlich ruhig gelagert werden. 10 Tage lang machte sie stündlich Umschläge mit Heilerde, die sie abwechselnd mit 7fMJ und 7fSD anrührte. Danach konnte Mariangela das Knie wieder einwandfrei bewegen und hatte seither keine schmerzhaften Rückfälle mehr.

Anmerkung: Man kann für diese Anwendung die Heilerde stark mit Lichtwasser verdünnen, Tücher in die Flüssigkeit tauchen und auflegen oder aber etwas weniger stark verdünnte Heilerde direkt auftragen und mit Tüchern abdecken.

Vorbeugung gegen Osteoporose

Außer den hinlänglich bekannten Maßnahmen (gesunde Ernährung, genügend Bewegung, viel frische Luft und Tageslicht) hier noch einige Tipps:

- Essen Sie gelegentlich Parmesankäse (wenn Sie ihn mögen) und beträufeln Sie jedes Stück mit 9 Tropfen 7fMJ und 7fL (Lourdeswasser).
- Birkenblätter-Salbei-Tee: 10 Gramm getrocknete Salbeiblätter in ein Liter Wasser geben und kurz aufkochen lassen. 25 Gramm getrocknete Birkenblätter, 24 Tropfen 7fMJ und 9 Tropfen 7fMT (Montichiariwasser) zufügen und 5 Minuten ziehen lassen. Abseihen. Morgens je eine Tasse auf nüchternen Magen trinken.
- Basilikumtee: Einen Zweig (etwa 4 bis 5 Blättchen) frisches Basilikum oder ½ Teelöffel getrocknetes Basilikum in 2 Tassen kochendes Wasser geben und 2 bis 3 Minuten ziehen lassen. Abseihen und je 9 Tropfen 7fMJ, 7fL und 7fMT zufügen.

STOFFWECHSEL

Allgemeine Entschlackung und Entgiftung

Wenn Ihnen eine Mahlzeit nicht bekommen ist, wenn Stress oder Umweltbedingungen Ihnen zu schaffen machen oder wenn Sie nicht zur Ruhe kommen, hilft Ihnen folgender Tee: 1 großes frisches Blatt der Großen Klette (Arctium lappa) oder 1 Esslöffel getrocknete Blätter in ¼ Liter kaltem Wasser ansetzen, zum Kochen bringen, vom Herd nehmen und 10 Minuten ziehen lassen. Abseihen, je 4 Tropfen 7fMJ und 7fL (Lourdeswasser) zufügen und auf nüchternen Magen warm trinken. Zur kurmäßigen Anwendung können Sie ihn bis zu 6 Wochen einnehmen.

Allgemeine Schwäche und Müdigkeit

1 Esslöffel getrocknete Hartheublätter (Hypericum perforatum) 15 Minuten in ½ Liter Wasser leicht kochen lassen, 10 Minuten ziehen lassen, abseihen. Auf nüchternen Magen jeweils eine Tasse davon unter Zugabe von 3 Tropfen 7fMJ trinken.

Schilddrüsenbeschwerden

Bei Schilddrüsenvergrößerung hat sich folgendes Mittel als hilfreich erwiesen: 15 Gramm Hopfenblüten in 1 Liter kaltem Wasser ansetzen, erhitzen und kurz vor dem Kochen vom Herd nehmen. 6 Tropfen 7fMJ hinzugeben, zudecken und abkühlen lassen. Abseihen und dreimal täglich zwischen den Mahlzeiten je ein halbes Glas davon unter nochmaliger Zugabe von 6 Tropfen 7fMJ trinken. Diese Kur sollte einen Monat lang durchgeführt werden.

Lebererkrankungen

Bei beginnenden Leberproblemen versuchen Sie es mit folgendem Rezept: 25 Gramm Aloetinktur und 25 Gramm Absinthtinktur mischen, je 9 Tropfen 7fMJ und 7fL (Lourdeswasser) zufügen. Einen Monat lang dreimal täglich vor den Mahlzeiten je 25 Tropfen in wenig Wasser verdünnt einnehmen.

Gestörte Nierenfunktion

Für die lebenswichtige Filterfunktion der Nieren bedarf es vor allem ausreichender Flüssigkeitszufuhr. Die meisten Menschen trinken zu wenig, vor allem zu wenig Wasser. Um sicher zu gehen, dass man täglich mindestens einen Liter Wasser trinkt (besser wären sicher zwei Liter oder mehr), sollte man es sich zur Gewohnheit machen, morgens eine Flasche Wasser an den Arbeitsplatz zu stellen, sodass man häufig daran erinnert wird und jederzeit einen Schluck davon nehmen kann.

- Um die Nierenfunktion zusätzlich zu unterstützen, gibt man 9 Tropfen 7fMJ pro Liter Wasser dazu.
- Für einen Tee, der die Nierentätigkeit unterstützt und stark harntreibend wirkt, lässt man 1 Teelöffel Queckewurzeln in ½ Liter Wasser leicht aufkochen, 2 Minuten weiterkochen, dann etwas abkühlen lassen und 9 Tropfen 7fMJ zugeben. Noch warm trinken.
- Die Nierentätigkeit lässt sich auch mit folgenden Bädern anregen: Ein 25-minütiges Vollbad bei 37 Grad Celsius unter Zugabe von Haferstrohabsud. Oder ein kurzes Sitzbad bei 30 Grad Celsius, währenddessen man die Füße in 38 bis 40 Grad warmes Wasser taucht. Beiden Bädern jeweils 36 Tropfen 7fMJ zugeben.

Bei akuter Nierenentzündung sollten Sie jedoch auf diese Anwendungen verzichten und unbedingt einen Arzt aufsuchen.

Chronische Nierenbeschwerden

- Heiße Packungen mit Haferstroh: 2 Hand voll Haferstroh in ½ Liter kochend heißes Wasser geben, 6 Tropfen 7fMJ zufügen, 2 bis 3 Minuten ziehen lassen, dann mit einem Schöpflöffel auf ein Tuch geben und die Packung auf die Nieren auflegen. Kontrollieren Sie die Temperatur: Die Packung muss sich angenehm heiß anfühlen, aber Sie dürfen sich natürlich nicht daran verbrennen. Nach Belieben wickeln Sie noch ein oder zwei Handtücher um die Packung und legen erst dann das Ganze auf die Nierengegend.

- Warme Haferstrohbäder wie oben beschrieben, aber von nur 10 Minuten Dauer.
- Lindenblüten- oder Brennnesseltee unter Zugabe von 9 Tropfen 7fMJ trinken.
- Wöchentliche Saunabesuche: Als Abkühlung nach jedem Saunagang Abreibungen mit 7fMJ-Wasser.

ENTZÜNDUNGEN

Atemwege: Asthma und Bronchitis

1 Esslöffel gehackte Petersilie mit einem Glas Milch zum Kochen bringen und 2–3 Minuten bei kleiner Flamme und unter Umrühren durchkochen lassen. Abseihen, ½ Teelöffel Honig und 6 Tropfen 7fMJ zufügen. Warm morgens nüchtern sowie nachmittags zwischen den Hauptmahlzeiten trinken, bis alle Symptome abgeklungen sind.

Magenschleimhaut-, Dünndarm-, Dickdarmentzündung (Gastritis, Enteritis, Colitis), Husten und Bronchitis

Je 20 Gramm frische Salbeizweige und frischen Rosmarin waschen und in ½ Liter Wasser geben. Erhitzen und kurz vor dem Kochen (darf nicht zum Kochen kommen!) vom Feuer nehmen, abdecken und erkalten lassen. Abseihen und 12 Tropfen 7fMJ zufügen. Bei Husten und Bronchitis mit Honig süßen.

Ein halbes Glas vor den Mahlzeiten; Säuglinge und Kleinkinder entsprechend weniger. Die Kur dauert einen Monat.

GESCHWÜRE

Selbst bei bösartigen Geschwüren und Wucherungen kann folgende Anwendung unterstützend wirkend.

- 1 Esslöffel getrocknete Quecke (Agropyron repens) in einem Glas Wasser über Nacht ziehen lassen. Am folgenden Morgen abseihen, leicht erwärmen, 6 Tropfen 7fMJ zugeben und sofort auf nüchternen Magen trinken.
- Darmgeschwüre: Je 4 bis 5 Malvenblätter und Basilikumblätter waschen. Die Malvenblätter in einer Tasse Wasser zum Kochen bringen und 3 Minuten leicht kochen lassen, dann die Basilikumblätter zugeben und

weitere 5 Minuten ziehen lassen. Abseihen, je 5 Tropfen 7fMJ, 7fL (Lourdeswasser) und 7fMT (Montichiariwasser) zufügen und trinken.

SONSTIGES

Arteriosklerose

10 frische oder 1 Teelöffel getrocknete Akazienblätter in eine Tasse kochendes Wasser geben, 5 bis 6 Minuten ziehen lassen, 2 Tropfen 7fMJ zufügen und sofort trinken.

Funktionsstörungen der Lunge

5 frische Salbeiblätter waschen und in einer Tasse Wasser 2 bis 3 Minuten kochen lassen. Vom Herd nehmen und zugedeckt 5 bis 6 Minuten ziehen lassen, abseihen und 5 Tropfen 7fMJ dazugeben. Warm trinken.

Äußere Hämorrhoiden; starke Blutungen nach Schnittwunden

Eine gute Hand voll frische Spitzwegerichblätter (Plantago lanceolata) sammeln, gründlich waschen, trockentupfen und im Mörser zerstampfen oder ganz fein hacken. 6 Tropfen 7fMJ zufügen und den Brei auf die Wunde legen. Etwa 20 Minuten wirken lassen, dann mit kühlem Lourdeswasser abspülen.

Insektenstiche

Petersilienblätter sind ein traditionelles volksheilkundliches Mittel, um das Insektengift unschädlich zu machen. Noch wirksamer ist folgende Behandlung: Ein paar Petersilienzweige oder 2 bis 3 Esslöffel Blätter waschen und ganz fein hacken oder im Mörser zu einer breiartigen Masse zerdrücken. 6 Tropfen 7fMJ zufügen. Die Paste auf die Einstichstelle auftragen und etwa eine halbe Stunde einwirken lassen.

Reisekrankheit

Versuchen Sie bei dem typischen Unwohlsein, das auf See wie auch bei Auto- und Busfahrten auftreten kann, das folgende einfache Mittel: Geben Sie 6 Tropfen 7fMJ auf ein paar gewaschene und getrocknete Petersilienblätter und kauen Sie diese. Sie können den Saft schlucken und den Rest ausspucken.

Oder geben Sie 9 Tropfen 7fMJ auf eine Zitronenhälfte und lutschen Sie diese aus (gespritzte Zitronen vorher gründlich unter heißem Wasser abbürsten).

San-Damiano-Wasser

Abkürzung	7fSD (7 Frequenzen, San Damiano)
Energie	polarisiert
Vorwiegende Wirkung auf	Immunsystem
Harmonische	9 (Übergangsebene)
Vorwiegende Frequenz	G
Resonanz	zum Großhirn

Die Frequenz G (160 Hertz) ist die typische Frequenz des Großhirns, der so genannten Gehirnrinde. Deshalb ist 7fSD so außerordentlich wirksam bei allen Funktionen, die vom Großhirn gesteuert werden, und bei allen Störungen, die in diesem Bereich auftreten. Die Hirnrinde ist unter anderem zuständig für die Koordinierung der Stimuli, das heißt der Nervenreize, die vom Zentrum zur Peripherie, in die Organe und Extremitäten, und umgekehrt verlaufen. Dazu gehören Bewegung, Sprache und Bewusstsein, aber auch die Psyche und davon abhängige Funktionen.

PSYCHISCHE PROBLEME

Schlafstörungen

Sowohl bei Einschlaf- als auch bei Durchschlafstörungen (unruhiger Schlaf, häufiges oder zu frühes Erwachen) hat sich 7fSD als sehr hilfreich erwiesen.

- Nach der Abendmahlzeit 9 Tropfen 7fSD mit etwas Wasser einnehmen oder direkt unter die Zunge träufeln. Vor dem Schlafengehen wiederholen. Wer häufig unfreiwillig in der Nacht aufwacht, kann ein Glas mit 7fSD auf dem Nachttisch bereitstellen, um bei Bedarf einen Schluck davon zu trinken.
- Bei chronischen Schlafstörungen kann man die Dosis auch erhöhen. Am wirksamsten ist eine genau dem Körpergewicht entsprechende

Dosierung: Man multipliziert sein Körpergewicht in Kilogramm mit 9 und erhält so die benötigte Anzahl Tropfen (eine Person mit einem Körpergewicht von 65 Kilogramm misst also 585 Tropfen 7fSD ab; am besten zählt man die Tropfen einmal ab und markiert den entsprechenden Flüssigkeitsstand auf einem Messgefäß oder einem Glas, das man fortan als Maß benützt.) Man kann die gesamte Menge auf einmal vor dem Schlafengehen einnehmen oder aber noch besser in drei Portionen aufgeteilt eine nach dem Abendessen, eine etwa eine Stunde später und die letzte kurz vor dem Schlafengehen.

– Bei hartnäckigen Schlafstörungen kann man 7fSD viermal am Tag einnehmen, um eine grundlegende Beruhigung zu erzielen, die auch dem Nachtschlaf förderlich ist.
– Bewährt hat sich auch die Basisanwendung (siehe Seite 61) zur Regulierung des Schlaf-Wach-Rhythmus.

Nervosität, Reizbarkeit, starke Erregbarkeit

– Bei einem lang andauernden, geradezu chronischen Zustand empfiehlt sich die Basisanwendung (siehe Seite 61).
– Bei akuter Reizbarkeit nimmt man in möglichst regelmäßigen Abständen, zum Beispiel jede Stunde, alle zehn Minuten oder in Notfällen (wie Panikattacken) auch eine oder mehrere Minuten lang alle zehn Sekunden, die angegebenen Lichtwässer ein. Entspannend wirkt bereits, ein paar Tropfen 7fSD auf Halsgrube, Nacken und Schläfen sanft zu verreiben. Diese Methode bietet sich übrigens auch bei sehr kleinen Kindern oder Patienten an, denen man aus irgendeinem Grund keine Flüssigkeit einflößen kann.

Innere Unruhe und Unzufriedenheit

Natürlich lassen sich mit 7fSD nicht allfällige äußere Ursachen von Unruhe und Unzufriedenheit aus dem Weg räumen. In vielen Fällen kann es aber zu einer inneren Harmonisierung und Ruhe verhelfen. Ein Versuch lohnt sich in jedem Fall. Zur Anwendung siehe unter »Nervosität«.

Auch die entsprechenden Bachblüten, möglichst in Verbindung mit Lichtwasser (siehe Seite 22), können hilfreich sein.

Angstzustände

Nehmen Sie in regelmäßigen Abständen nach Bedarf 9 Tropfen 7fSD ein. Wenn Sie sich einer Situation aussetzen müssen, die Ihnen in der Vergangenheit Probleme bereitet hat, sollten Sie 7fSD-Tropfen bei sich tragen und regelmäßig einnehmen oder auf die Haut tupfen und leicht einreiben, wie unter »Nervosität« beschrieben.

SCHMERZEN UND KRÄMPFE

Unter anderem werden auch die Schmerzimpulse von der Hirnrinde verarbeitet. Der Schmerz als solcher kann als Alarmsignal des Körpers bei einer gravierenden Dysfunktion oder einer gefährlichen Verletzung lebensrettende Bedeutung haben, anhaltende Schmerzen aber können sehr zermürbend sein.

Schmerzen und Krämpfe allgemein

7fSD wirkt, sowohl äußerlich wie innerlich verabreicht, allgemein schmerzlindernd, beruhigend und krampflösend. Noch besser ist die Wirkung, wenn man 7fSD mit einem weiteren, spezifischen Lichtwasser kombiniert, das mit dem entsprechenden Organ oder Körperbereich korrespondiert: im Fall von Magenschmerzen oder Regelschmerzen oder bei Schwellungen also beispielsweise mit 7fMT (Montichiariwasser), bei Gelenk-, Knochen- oder Muskelschmerzen mit 7fMJ (Medjugorjewasser), bei Wunden, Narben, Verbrennungen mit 7fL (Lourdeswasser). Bei akuten Schmerzen sollte man die Tropfen in kurzen Zeitabständen einnehmen oder auftragen (etwa dreimal pro Minute).

Zahnschmerzen

Bei akuten Zahnschmerzen oder nach einer Zahnbehandlung (Zahnziehen) kann man gleich 36 Tropfen 7fSD einnehmen und zusätzlich 9 Tropfen äußerlich auftragen. Wiederholen Sie die Anwendung so oft wie nötig. Bei chronischen Zahnschmerzen wendet man dieselbe Behandlung dreimal täglich über einen längeren Zeitraum (mindestens ein Monat) an.

ENTZÜNDUNGEN

Halsschmerzen, Heiserkeit, Reizhusten

Bereits 9 Tropfen 7fSD, sowohl auf die Halsgegend aufgetragen wie auch eingenommen, lindern meist in kurzer Zeit die Reizung. Gurgeln Sie außerdem mit folgender Mischung: 1 Glas Wasser mit 9 Tropfen 7fSD und

> M. G. Scalise aus Modena berichtet, dass ihre Schwiegermutter unter periodisch auftretenden starken Depressionen litt, die eine solche Müdigkeit und Erschöpfung zur Folge hatten, dass sie nicht zu den geringsten Anstrengungen mehr imstande war. Bereits nach einer Woche der Einnahme von 7fSD erholte sie sich sichtlich. Seitdem greift sie jedesmal, wenn sie eine depressive Phase nahen spürt, regelmäßig zu 7fSD und konnte so ihre Depression weitgehend in den Griff bekommen.

1 Esslöffel Apfelessig. Dieselbe Mischung verwenden Sie auch für einen Kneippschen Halswickel.

Zahnfleischentzündung

Geben Sie in eine kleine Tasse oder Schüssel je 1 Esslöffel Wasser und Apfelessig. Fügen Sie je 9 Tropfen 7fSD und 7fL (Lourdeswasser) hinzu, tauchen die Fingerspitzen in die Flüssigkeit und massieren damit Ihr Zahnfleisch mindestens zweimal am Tag, am besten nach dem Zähneputzen.

Darm-, Blasen- und Prostataentzündung
Menstruationsbeschwerden, Ausfluss

20 Gramm Schafgarbe (Achillea millefolium) in 1 Liter kaltem Wasser ansetzen, erhitzen und kurz vor dem Kochen vom Herd nehmen. Zugedeckt abkühlen lassen, dann abseihen und 6 Tropfen 7fSD dazugeben. Dreimal täglich zwischen den Mahlzeiten ein halbes Glas davon lauwarm trinken. Mindestens einen Monat als Kur anwenden.

HERZRHYTHMUSSTÖRUNGEN, FIBRILLATIONEN DES HERZMUSKELS

Wie immer bei tief greifenden und lang andauernden Beschwerden empfiehlt sich zunächst die Basisanwendung (siehe Seite 61) zur grundlegenden Harmonisierung. Als zusätzliche Behandlung empfehlen sich außerdem folgende Maßnahmen:

- Betupfen Sie regelmäßig (täglich oder auch öfter) die Herzgegend zuerst mit 9 Tropfen 7fL (Lourdeswasser), dann mit 7fSD. Um die Gefäßwände zu stärken, können Sie noch 7fMT (Montichiariwasser) dazunehmen.

Warme Bäder sollten Sie bei Herzrhythmusstörungen einschränken, um Ihr Herz nicht unnötig zu belasten. Ersetzen Sie daher Bäder besser durch Duschen oder Abreibungen mit den entsprechenden Lichtwässern. Wenn Sie ausnahmsweise doch einmal ein (nicht zu heißes) Bad nehmen, legen Sie während des Bades einen mit 7fSD und 7fL (Lourdeswasser) benetzten Waschlappen auf die Herzgegend.

Fatimawasser

Abkürzung	7fFT (7 Frequenzen, Fatima)
Energie	polarisiert
Vorwiegende Wirkung auf	Immunsystem
Harmonische	4 (Zellwachstum)
Vorwiegende Frequenz	F
Resonanz	Großhirn, limbisches System

Eines der besonderen Merkmale von Fatimawasser ist, dass es die Wirkung aller anderen Lichtwässer verstärkt. Aus diesem Grund finden Sie es häufig in den vorangegangenen Anleitungen in Kombination mit anderen Lichtwässern und ebenso in der Basisanwendung (siehe Seite 61). Aber auch wenn es nicht ausdrücklich vermerkt ist, können Sie jederzeit 7fFT mit verwenden. Eher selten wird 7fFT allein angewendet.

Sie werden bald selbst ein Gespür dafür entwickeln, wann Ihnen dieses Wasser besonders zuträglich ist. Versuchen Sie es doch einmal in Momenten, die äußerste geistige Klarheit erfordern, oder auch, wenn Sie vor wichtigen Entscheidungen stehen, wenn Sie in einer bestimmten Frage starke Zweifel hegen, kurz, wenn Ihre ganze Persönlichkeit und Geisteskraft gefordert ist.

Großhirn und limbisches System sind die am höchsten entwickelten Gewebe des Menschen. Sie stellen sozusagen die Leitzentrale dar für die Steuerung und Koordination der Verbindungen zwischen dem Nervensystem und dem übrigen Organismus. Vor allem das limbische System erfüllt dabei eine Art Vermittlerfunktion. Diese Leitzentrale sendet Impulse und Energie aus und nimmt damit auch Einfluss auf unsere Gedanken und Entscheidungen.

Zusammengefasst: In Kombination mit anderen Lichtwässern verstärkt 7fFT deren Wirkung auf die allgemeine, körperliche Gesundheit. Darüber hinaus hat es eine Resonanz zur Sphäre unseres Bewusstseins und unserer Geistigkeit, weshalb es bei besonderen Problemen auch alleine benutzt wird (nach Bedarf jeweils 9 Tropfen). Fatimawasser rundet den Zyklus der ersten fünf Basiswässer ab.

Santa-Maria-alla-Fontana-Wasser

Abkürzung	7fSMF (7 Frequenzen, Santa Maria alla Fontana)
Energie	elektirsch
Vorwiegende Wirkung auf	Knochen, Muskeln, Nervenverbindungen; stärkt und regt an
Vorwiegende Frequenz	C und E; vor allem C
Resonanz	zum Mesoderm

In der Mailänder Kirche Santa Maria alla Fontana spenden elf Brunnenköpfe Wasser. Gemeinsam sind diesem obige Eigenschaften, dennoch unterscheiden sich die Wässer der einzelnen Brunnen voneinander: Die elf Wässer treten in Resonanz mit den elf Jahren des Sonnenzyklus und führen uns zu den planetarischen Zeiten und Rhythmen, die unsere Stimmung und unsere Hormone beeinflussen. Morgens eingenommen (vor allem in der Basisanwendung) verstärkt dieses Wasser die orthosympathische Wirkung vom Lourdeswasser, wirkt aber spezifisch auf das Mesoderm und verbessert die Aspekte der Nervenverbindungen, der Reizleitung, des Muskeltonus und der Durchblutung.

Die ideale Verwendung für dieses Wasser ist die Basisanwendung.

Überall da, wo man in der Umwelt Lourdeswasser einsetzt (normalerweise in der Himmelsrichtung Süden), kann man SMF zufügen. SMF lässt sich aber ohne weiteres auch allein verwenden, zum Beispiel im Badewasser oder zu Kompressen und Wickeln bei Abgespanntheit, Müdigkeit, Problemen der Knochen und Muskeln.

Efesowasser

Abkürzung 7f Efeso (7 Frequenzen, Efeso)

Ein stark polarisiertes Wasser, dessen Schwingungsebene ins Unendliche geht. Es ist ähnlich wie Fatimawasser geeignet, die Wirkung der anderen Lichtwässer zu unterstützen und zu verstärken.

Bei der Zubereitung der Wässer für die Basisanwendung gibt man am besten zuerst Fatimawasser in das Trinkwasser, dann das oder die der Tageszeit entsprechenden Wässer und zum Schluss Efeso. In der Alessi-Pyramide kann man Efesowasser allen Schälchen beigeben.

Efeso erweist sich als besonders hilfreich bei Problemen, die durch Elektrosmog entstehen, und zwar allein oder zusammen mit Santa Maria alla Fontana angewendet.

Andere Orte, Quellen, Wässer

Die beschriebenen Basislichtwässer gehören zu den ersten, die entdeckt wurden. Daher besteht eine langjährige Erfahrung betreffend die Heilerfolge und andere Anwendungsmöglichkeiten. Sie decken in gewisser Hinsicht die gesamte Palette der therapeutischen Anwendung ab. Aber es gibt noch sehr viele andere Lichtwässer, jedes davon mit besonderen Eigenschaften. Zunehmend entdeckt man zum Beispiel die Wirkung von Lichtwässern auf die Psyche und das Bewusstsein.

Wie wir an anderer Stelle bereits erwähnten, kann man davon ausgehen, dass es auf der ganzen Welt Quellen mit Lichtwässern gibt. Nach den bisher gesammelten Erfahrungen kann man sagen, dass sie normalerweise an energetisch »besonderen« Orten vorkommen, d.h., an solchen Stellen hat nicht nur das Wasser spezifische Eigenschaften, sondern auch eine mehr oder weniger ausgedehnte Erdoberfläche. Häufig handelt es sich um unberührte, von der Umweltverschmutzung nicht betroffene Stellen, aber manche Quellen sind auch in Großstädten anzutreffen. Einige von ihnen haben eine ehrwürdige Tradition und werden womöglich schon seit Jahrhunderten benutzt; andere wieder sind seit relativ kurzer Zeit bekannt. Viele Quellen befinden sich in der Nähe von oder sogar in Wallfahrtskirchen oder -kapellen oder anderen Orten mit starker religiöser oder spiritueller Beziehung. Im Folgenden zwei Beispiele.

Guadeloupe, Mexiko

Ende Juli 2002 sprach Papst Johannes Paul II., anlässlich eines Besuches in Mexiko, den Indio Juan Diego heilig. 1531 war ihm die Gottesmutter mehrfach erschienen, um ihn zum Botschafter des Glaubens zu machen. Da der Bischof ihm nicht glaubte, hinterließ sie auf dem Mantel des armen Bauern ein Bild von sich. Der Mantel wird seit Jahrhunderten in der Basilika Guadeloupe in Mexiko-Stadt verehrt. Das Quellwasser ist ein Lichtwasser und besonders resonant mit den Sternen und den Mineralien. Besonders ausgeprägt sind die Frequenzen A, B und C.

Guadeloupewasser wird vorzugsweise zusammen mit anderen Lichtwässern angewandt.

Einsiedeln, Schweiz

Innerhalb der großen Kirche von Einsiedeln, die dem Benediktinerkloster angeschlossen ist, befindet sich eine Gnadenkapelle mit einer Marienstatue, die seit Jahrhunderten verehrt wird. Bereits im 9. Jahrhundert wurde hier von einem Einsiedler, dem heiligen Meinrad (Meginrat), erstmals eine Kapelle erbaut.

Vor der Kirche befindet sich ein großer Brunnen mit vierzehn Brunnenköpfen. Das aus ihnen sprudelnde Wasser wird von Gläubigen, die aus der ganzen Welt hierher kommen, getrunken. Jedes der vierzehn Wässer hat eine andere spezifische Mikroinformation; gemeinsam sind ihnen alle drei Energien (polarisiert, elektrisch und magnetisch) und Schwingungsebenen, die bis zum Unendlichen reichen.

Mater divinae sapientiae, Heroldsbach, Deutschland

Das Wasser Mater divinae sapientiae stammt aus Heroldsbach, Deutschland. Nachdem dort seit 1949 von Marienerscheinungen berichtet worden war, entwickelte sich der so genannte Heilige Berg schnell zu einem rege besuchten Wallfahrtsort. Die Kirche bestritt zunächst vehement die Echtheit der Erscheinungen und weigerte sich auch, das dortige Wasser anzuerkennen. Wer öffentlich dafür eintrat, wurde sogar exkommuniziert. Erst nachdem Papst Johannes Paul II. die Bischöfe der deutschen Bischofssynode nach Rom eingeladen und um Anerkennung des Wallfahrtsortes Heroldsbach gebeten hatte, wurde die Gebetsstätte 1998 formell der Kirche unterstellt. Der Papst selbst verlieh der Muttergottes von Heroldsbach feierlich den Titel Mater divinae sapientiae, Mutter der göttlichen Weisheit.

Das Wasser dieses Ortes ist stark polarisiert und hat eine hohe Schwingung mit allen sieben Lichtfrequenzen, wobei die Frequenz G vorherrschaft. Man könnte es aufgrund seiner Geschichte und seiner Schwingungseigenschaften als ein »Wasser der Toleranz« oder ein »Wasser der Kirchen« bezeichnen. Eine wunderbare Ergänzung zu den anderen, bereits bekannten Lichtwässern. Das Wasser Mater divinae sapientiae wird daher am besten nicht als Einzelwasser, sondern zusammen mit anderen Lichtwässern benutzt.

Loreto, Italien

Das Wasser von Loreto in der Provinz Ancona ist nicht ein Quellwasser, sondern wie das Medjugorjewasser ein »geschenktes« Lichtwasser, das nicht als Quelle selbst, sondern durch die Energie des Ortes in der Kapelle im Innern der Kathedrale seine Information erhalten hat.

Laut der Überlieferung befindet sich dort seit dem Mittelalter das Haus von Nazareth, in dem Josef, Maria und Jesus gelebt haben; es soll über Nacht von Engeln nach Loreto getragen worden sein. Es besteht aus drei festgefügten Steinwänden; die vierte Wand bildete ein Felsen, der in Nazareth verblieb. Von dem Gemäuer des ursprünglichen Hauses ist heute kaum noch etwas sichtbar; es ist umschlossen von einer kleinen Kapelle, die selbst wiederum im Innern der großen Kathedrale steht.

Loreto wird als der Ort der Heiligen Familie verehrt. Loretowasser ist ein Lichtwasser mit allgemeinen Eigenschaften, das vielleicht besonders zur Wertschätzung des Familiengefüges aufruft.

Es ist vorstellbar und erstrebenswert, dass weitere Lichtwässer auf die gleiche Weise zur Verfügung gestellt werden können wie die im Buch beschriebenen. Im Rahmen der Lichtwasserforschung wurden im Laufe der Jahre Tausende von Wässern getestet, und die Arbeit auf diesem Gebiet geht ständig weiter. Relativ wenige der untersuchten Wässer waren Lichtwässer im engeren Sinne, aber viele von ihnen sind trotzdem qualitativ interessant und nützlich. Es ist erstrebenswert, dass es zu einem weit reichenden Austausch von Lichtwässern aus vielen Orten kommt. Gleichzeitig sollte aber auch das diesbezügliche Wissen, sollten die Erfahrungen mit den jeweiligen Wässern und die Ergebnisse allfälliger Untersuchungen ausgetauscht werden.

Laboruntersuchungen lässt man am besten vor Ort oder in der Nähe vornehmen. Allerdings sind Lichtwasserforscher und -therapeuten immer auch an Wasserproben interessiert. Für den Fall, dass es sich um echte Lichtwässer handelt, können diese nach einer gewissen Zeit der Erprobung – zum Wohle aller – an andere Interessierte weitergegeben werden.

Der praktische Umgang mit Lichtwässern

Wie werden Lichtwässer aufbewahrt?

Lichtwässer stehen in Resonanz mit den sieben Frequenzen des Lichts. Sie brauchen das Tageslicht; wenn sie längere Zeit im Dunkeln stehen, verlieren sie ihre Fähigkeit, sich zu vermehren, und damit auch ihre therapeutische Wirkung.

- Bewahren Sie die Lichtwässer also immer dort auf, wo sie das Tageslicht ohne weiteres erreichen kann.
- Falls ein Lichtwasser aus irgendeinem Grunde einmal längere Zeit im Dunkeln gestanden hat, können Sie es aber wieder beleben, indem Sie es mindestens 24 Stunden dem natürlichen Licht aussetzen. Sonnenlicht ist dafür besonders geeignet, aber nicht unbedingt notwendig. Sie finden sicher einen Platz auf einem Balkon oder einem Fensterbrett, wo sich Ihre Lichtwässer »erholen« können. (Es gibt Geräte, unter anderem eines, das in Mexiko entwickelt wurde, mit denen nach Angabe der Hersteller Wasser, Speisen und Getränke durch die Bestrahlung mit

Vollspektrumlicht belebt werden können. Künstlichem Licht fehlen einige Frequenzen, die im natürlichen Licht enthalten sind. Ein weiterer »Beweis« dafür, dass Vollspektrumlicht heilend und regenerierend wirkt.)

- Verwahren Sie Lichtwässer nie in der Nähe von starken elektromagnetischen Feldern wie zum Beispiel Fernsehgeräten, CD-Spielern, Computern, Fax- oder Fotokopiergeräten, Kühlschränken, Waschmaschinen, Mikrowellenherd und dergleichen. Falls dies doch einmal geschehen ist, stellen Sie das Lichtwasser so bald wie möglich ans Licht wie oben beschrieben.
- Bewahren Sie Lichtwässer möglichst nicht über längere Zeit in Plastikgefäßen, sondern nur in Glasbehältern auf (am besten eignen sich Tropfflaschen). Wenn Sie es zum Trinken vorbereiten, können Sie auch Ton-, Porzellan- oder Steingutkrüge und -tassen verwenden. Allerdings sollten Sie darauf achten, dass die Glasur keine toxischen Substanzen enthält, die insbesondere in kräftigen Gelb- und Orangetönen enthalten sein können.
- Die Behälter, in die Sie die Lichtwässer abfüllen, sollten absolut steril sein, vor allem, wenn Sie das Wasser länger aufheben oder es zur

»Vermehrung« (Reproduktion; siehe Seite 109) benutzen wollen. Tropfflaschen, die Sie in der Apotheke oder Drogerie kaufen, sind bereits steril abgepackt. Spülen Sie sie vorsichtshalber noch mehrmals mit klarem Wasser durch, bevor Sie sie benutzen.

Alle Flaschen und Gläser, in die Sie neu Lichtwasser abfüllen, sollten zuvor etwa 3 Minuten ausgekocht werden. Lassen Sie die Gefäße nicht im Wasser abkühlen, sondern heben Sie sie mit einem Schöpflöffel aus dem heißen Wasser und lassen Sie sie auf einem Sieb oder einem sauberen Tuch abtropfen und trocknen. Erst wenn sich der Wasserdampf ganz verflüchtigt hat, verschließen Sie sie wieder.

Sie können die Gefäße auch in der Spülmaschine sterilisieren, wenn diese keine Rückstände von Spül- oder Glanzmittel hinterlässt und über einen abschließenden Gang verfügt, der die gespülten Gegenstände mit Dampf sterilisiert (was normalerweise der Fall ist).

Wie reproduziert man Lichtwässer?

Eine der herausragenden Eigenschaften der Lichtwässer ist, dass sie über unendlich viele »Generationen« reproduzierbar sind, vorausgesetzt, einige einfache Grundbedingungen werden erfüllt:

- Es muss sich um Wässer handeln, die mit allen sieben Lichtfrequenzen in Resonanz stehen.
- Nur reine Lichtwässer sind reproduzierbar. Wenn Sie beispielsweise eine Flasche mit Montichiariwasser und Fatimawasser vorbereitet haben, ist diese Mischung wunderbar für die Therapie bestimmter Beschwerden, aber sie kann nicht als solche reproduziert werden.
- Sie geben immer zuerst normales Trinkwasser in das Gefäß und fügen dann erst das Lichtwasser hinzu, nicht umgekehrt. Sie wollen ja schließlich das Wasser »informieren« und nicht das Gefäß.
- Auf die zu »informierende« Wassermenge bis zu einem Liter geben Sie neun Tropfen Lichtwasser. Das bedeutet, dass Sie auch auf ein Glas Wasser, das Sie sich zum Trinken vorbereiten, 9 Tropfen rechnen. Wenn Sie allerdings 2 Liter Wasser vorbereiten, geben Sie 18 Tropfen Lichtwasser dazu. Mit anderen Worten: Die Minimalmenge beträgt immer 9 Tropfen, und für jeden weiteren Liter weitere 9 Tropfen.

Die 9 Tropfen sind nicht etwa »symbolisch« oder gar »magisch« zu verstehen. Sie sind notwendig zur Abdeckung der ersten neun Schwingungsebenen und sind zur Vermehrung der meisten Lichtwässer unabdingbar.

Es gibt über die grundlegenden neun Schwingungsebenen hinaus noch unendlich viele weitere Schwingungsebenen; einige Lichtwässer können auch mit 3 Tropfen und in kürzerer Zeitspanne vermehrt werden. Dies führt aber über den Rahmen dieses Buches hinaus.

- Im Zweifel: besser mehr als weniger. Wenn Sie nicht sicher sind, ob acht oder neun Tropfen aus dem Tropfenzähler gefallen sind, geben

Sie lieber noch einen Tropfen dazu. Wenn Sie keinen Tropfenzähler zur Hand haben, können Sie sich mit einem sterilisierten Löffel behelfen, in den Sie die Flüssigkeit tropfen lassen.

– Frühestens nach 24 Stunden können Sie frisch angesetztes Lichtwasser wiederum weitervermehren. Wenn Sie das Wasser allerdings zur Therapie verwenden wollen, können Sie es sofort einsetzen und brauchen nicht zu warten.
– Der ideale Zeitpunkt für die Reproduktion ist der Morgen und Vormittag, genauer gesagt zwischen 3 und 11 Uhr morgens. Diese Zeit besitzt die energetische Qualität des Frühjahrs (siehe Seite 56), das heißt der Jahreszeit, in der sich auch das Leben in der Natur mit großer Leichtigkeit entwickelt.
– Benutzen Sie zur Reproduktion normales Trinkwasser, und zwar Leitungswasser, wenn dieses in Ihrer Gegend gut und trinkbar ist, oder noch besser frisches Quellwasser. Falls Sie Mineralwasser benutzen, wählen Sie solches aus Glasflaschen. Es sollte möglichst ein stilles Wasser, also nicht mit Kohlensäure versetzt sein.

Auf keinen Fall sollten Sie destilliertes Wasser verwenden! Zahlreiche Laborversuche haben gezeigt, dass solches Wasser nicht mehr voll informationsfähig ist, und zwar weil der Vorgang der Destillation das Wasser »stresst« und seine Aufnahmefähigkeit für die natürlichen Frequenzen schwächt. Aus diesem Grund sollte auch Wasser aus Umkehrosmose (Filtrierung mit Hilfe eines Konzentrationsgefälles) nicht zur Vermehrung von Lichtwasser benutzt werden.

Das zu informierende Wasser sollte natürlich so rein und so frisch wie möglich sein. Deshalb ist fließendes Wasser aus einer guten Quelle oder einem guten Brunnen vorzuziehen: Es handelt sich dabei noch um »lebendes Wasser«, dessen Molekülbindungen leicht und offen sind und das besonders gut Informationen aufnimmt und speichert. Bioelektronische Untersuchungen haben gezeigt, dass Wasser, das in Bewegung ist, sich selbst regeneriert und reinigt.

Wasser aus der Wasserleitung lassen Sie am besten etwas laufen (Sie können Sie es zum Beispiel zum Blumengießen benutzen), bevor Sie Wasser zur Reproduktion entnehmen. Wasser aus Flaschen können Sie etwas »beleben«, indem Sie es mehrfach – natürlich in saubere Gefäße – umgießen. Wenn das Wasser aus einer gewissen Höhe fällt, vermischt es sich dabei mit Sauerstoff und verändert seine Struktur. Bedenken Sie immer: Wasser in Bewegung ist lebendes Wasser, stagnierendes Wasser hingegen nicht.

– Achten Sie darauf, nie den letzten Vorrat eines bestimmten Lichtwassers zu verbrauchen. Wenn Sie keine zweite Flasche zur Hand haben und die erste zur Neige geht, dann entnehmen Sie einfach mit dem Tropfer neun Tropfen und legen die Pipette so, dass sie steril bleibt, also mit nichts anderem in Berührung kommt. Füllen Sie den Behälter mit frischem Trinkwasser auf und geben Sie die 9 Tropfen aus der Pipette wieder hinein. Am besten halten Sie für den Fall, dass Ihnen ein Fläschchen kaputtgeht oder ausläuft, immer ein Reservefläschchen zuhause bereit.

– Wenn Lichtwasser einmal sehr lange gelagert wurde und Sie Zweifel haben, ob es sich noch zur innerlichen Anwendung eignet, reproduzieren Sie es mehrmals. Sie müssen zwar ein paar Tage Geduld haben, denn nach jeder Neuvermehrung müssen Sie wiederum 24 Stunden warten, aber dann sind Sie sicher, über ein hygienisch einwandfreies Lichtwasser zu verfügen.

Wie geht eine Behandlung mit Lichtwässern vor sich?

Ausgehend von der Grundlagenforschung von Paul Nogier, Lyon, dem Begründer der Schule für Aurikulomedizin, entwickelte Enza Ciccolo eine Technik zur Behandlung mit Lichtwässern.

Zunächst wird nach einer allgemeinen Anamnese ein energetisches Check-up gemacht, und zwar mit Hilfe von so genannten Filtern, mit denen man sich dem Körper in Höhe der Ohrmuschel nähert. Die Filter bestehen aus einem in der Mitte lichtdurchlässigen Kautschukring von etwa 4 Zentimeter Durchmesser, der mit einem Griff versehen ist. In den Ring eingelegt sind die Substanzen, die spezifische Informationen enthalten; dabei handelt es sich etwa um lichtdurchlässige Plättchen mit einer spezifischen Farbfrequenz oder sehr häufig um Lichtwässer, die auf spezielles Papier aufgetragen wurden.

Die Reaktion des Körpers auf diese Informationen wird am Puls »abgehört«, und zwar dem RAC- oder VAS-Puls (Vascular Autonomic Signal); es handelt sich also weder um die Pulsmessung nach der chinesischen Methode noch um die normale Messung der Herzschläge. Wenn bei Annäherung des Filters mit einer bestimmten Frequenz oder Information eine deutliche

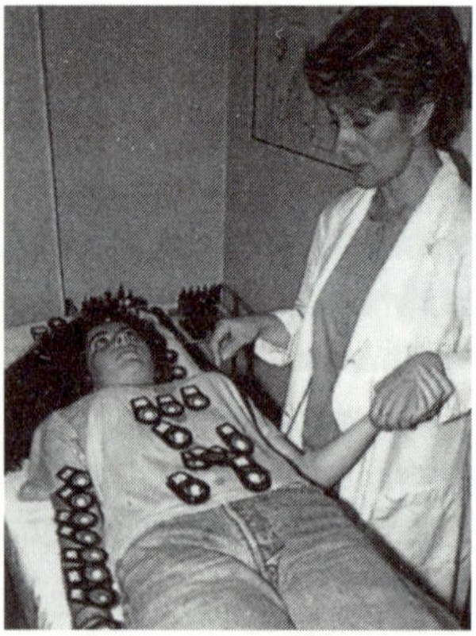

Verstärkung des Pulses über mehrere Pulsschläge gemessen wird, ist dies ein deutliches Zeichen dafür, dass diese Frequenz auch für die Behandlung angezeigt ist.

Der betreffende Filter wird dann auf den Körper aufgelegt, entweder auf den rechten Arm oder auf jenes der Nervengeflechte auf der Mittelachse des Körpers, das mit einem verstärkten Puls (VAS) reagiert. Der Körper erkennt und nimmt nur die Informationen auf, die ihm nützlich sind. Die Aufnahme geschieht über die Haut, die Lichtfrequenzen sehr wohl zu erkennen und weiterzuleiten weiß. Wichtig ist, dass der Patient oder die Patientin bei der Behandlung Kleidung aus Naturfasern trägt, da Synthetikfasern fürLichtinformationen weniger durchlässig sind.

Die erste Behandlung dauert ungefähr eine Stunde. Ratsam ist es, nach etwa vier Wochen die Behandlung zu wiederholen; diese und weitere Behandlungen sind meist kürzer.

Zuhause nimmt der Patient oder die Patientin dann dreimal täglich, vor oder zu den Mahlzeiten, einen Cocktail von verschiedenen je nach seinen Bedürfnissen ausgewählten Lichtwässern ein. Dadurch wird dem Organismus die heilende Information in regelmäßiger Widerholung immer wieder angeboten.

In den meisten Fällen sind die Erfolge durchschlagend, stellen sich sehr schnell ein und sind vor allem dauerhaft. Manchmal sind mehrere Behandlungen erforderlich, um die Gesundheit und Widerstandskraft allmählich wieder aufzubauen.

Die Lichtwassertherapie wird zum einen von Menschen angewandt, die sich mit möglichst natürlichen Mitteln behandeln und gesund erhalten möchten. Sie spricht aber auch viele Menschen an, die von der heutigen Notwendigkeit einer spirituell ausgerichteten Medizin und Gesundheitspflege überzeugt sind. Schließlich wenden sich ihr aber auch zahlreiche Patienten und Patientinnen zu, denen mit der konventionellen Medizin, mit Arzneimitteln, Bestrahlungen und Operationen nicht geholfen werden konnte oder die möglicherweise sogar von ihren Ärzten aufgegeben wurden. In solchen Fällen, wo die pharmakologische Behandlung nicht mehr weiterhalf, zum Beispiel bei Allergien, schlecht heilenden Wunden, Immunschwäche und dergleichen, sind die Erfolge natürlich besonders befriedigend.

Über ganz Italien verteilt gibt es zahlreiche Lichtwasser-Therapiezentren, die seit Jahren reiche Erfahrung in der Behandlung mit Lichtwasser gesammelt haben. Im deutschsprachigen Raum gibt es bisher leider noch keine entsprechenden Zentren. Zahlreiche Therapeuten und Therapeutinnen aus Deutschland, der Schweiz und Österreich haben jedoch bereits ihr Interesse an entsprechenden Kursen und Weiterbildung angemeldet, so dass es wohl nur noch eine Frage der Zeit ist, bis auch hier Zentren entstehen.

Antworten auf häufig gestellte Fragen

Im Folgenden sind – thematisch geordnet – häufig von Patienten und Leserinnen gestellte Fragen zusammengestellt, die auch für einen weiteren Kreis von Interesse sind.

AUFBEWAHRUNG, VERLUST, VERFALL, REPRODUKTION, WIEDERBELEBUNG VON LICHTWÄSSERN

Können Lichtwässer verderben? Gibt es ein Verfallsdatum?

Bei den Lichtwässern handelt es sich um Wasser, nicht um ein komplexes Fabrikprodukt. Aber auch Wasser sollte nicht unendlich lange stehen, sondern seiner Natur nach »fließen«. Deshalb empfiehlt es sich, es gelegentlich zu reproduzieren und umzufüllen (siehe Seite 109).

Wie und wo kann man Lichtwässer nachbestellen, wenn sie einmal ausgegangen sind?

Wie die Erfahrung zeigte, benutzen viele Leser und Leserinnen offenbar das Lichtwasser direkt aus den kleinen Probefläschchen. Diese sind aber nur zur Vermehrung bestimmt.

Es kann aber passieren, dass das vermehrte Wasser versehentlich einmal aufgebraucht ist; einige Anwender sind auch unsicher, ob sie die Lichtwässer stets korrekt aufbewahrt haben und die Qualität noch einwandfrei ist. Aus diesen Gründen wurde beschlossen, den Lesern und Leserinnen dieses Buches die Möglichkeit zu bieten, stets frische Lichtwässer beim Verlag zu bestellen (siehe Seite 128).

Was macht man mit Lichtwasser, das nicht mehr gebraucht wird, zum Beispiel mit Mischungen, die als solche nicht reproduzierbar sind?

Gießen Sie nach Möglichkeit Lichtwasser nicht achtlos weg. Wenn Sie es nicht mehr brauchen, können Sie Ihre Pflanzen damit gießen oder es Ihren

Haustieren zu trinken geben. Sie werden staunen, wie Pflanzen und Tiere auf Lichtwässer reagieren.

Sie können nicht mehr gebrauchte Lichtwässer natürlich ganz einfach wieder der Natur zurückgeben, indem Sie sie im nächsten Park auf den Rasen oder um die Bäume schütten, in einen Bach, See oder ins Meer kippen.

Wird die Schwingungsfrequenz der Lichtwässer beeinflusst, zum Beispiel durch die Menschen, die sie verpacken, durch die Lager- oder Versandplätze?

Im Prinzip schützen sich die Lichtwässer sehr gut. Man sollte sie aber trotzdem mit Liebe und Vorsicht behandeln und lagern.

Aufbewahren in klarem oder dunklem Glas?

Ideal ist klares, ungefärbtes Glas. Die im Handel erhältlichen Fläschchen mit Tropfer sind meist aus Braunglas, gelegentlich auch aus klarem oder andersfarbigem Glas. Dies ist weniger entscheidend, solange die Behälter möglichst bei Tageslicht aufbewahrt werden oder zumindest nach Aufenthalt im Dunkeln 24 Stunden bei natürlichem Licht wieder »belebt« werden. Wer kleine Mengen Lichtwasser unterwegs mit sich führen will, um sie jederzeit anwenden zu können, kann zu diesem Zweck natürlich die in Apotheken und Drogerien erhältlichen Braunglasfläschchen mit Tropfer benutzen.

Sind die Lichtwässer temperaturempfindlich?

Natürliche Temperaturschwankungen der Umgebung verkraften sie ohne weiteres. Kochen und dergleichen senkt allerdings deutlich die Schwingungsebene.

In unserer Nähe ist eine Quelle, die besondere Wirkungen haben soll. Wie wahrscheinlich ist es, dass es sich dabei um Lichtwasser handelt?

Jeder würde sich freuen, ein solch spezielles Wasser in seiner Nähe zu haben. Lichtwasserquellen gibt es auf der ganzen Welt, allerdings nicht so zahlreich, wie man es sich wünschen würde. Bei der Mehrzahl der von eifrigen Lesern zugeschickten Wässer handelte es sich um teilweise sehr gutes Quellwasser, aber ohne Lichtfrequenzen. Empfehlenswert ist es aber in jedem Fall, sich gutes, lebendiges Trinkwasser zu besorgen und dieses auch zum Vermehren der Lichtwässer zu benutzen.

Zum Konservieren habe ich dem Lichtwasser etwas Alkohol (Weizenkorn) zugegeben. Verfälscht dies die Schwingung?

Ja. Wenn man eine bestimmte Mischung (die als solche nicht vermehrbar ist) auf eine Reise mitnehmen oder einem anderen Menschen geben will, kann man ein paar Tropfen Alkohol zugeben. Lichtwässer jedoch, die man zum Vermehren braucht, sollten rein bleiben. Besser ist es, sie immer wieder mal neu anzusetzen.

Kann man Lichtwässer wie Bachblüten mit Alkohol oder Essig konservieren?

Wenn Sie sich eine Mischung zusammengestellt haben, die Sie auf Reisen aus praktischen Gründen in einer einzigen Flasche mitführen wollen, kann dies sinnvoll sein. Einzelne Lichtwässer aber sollten nicht mit Alkohol oder Essig konserviert werden, weil sie dann nicht mehr vermehrbar sind. Besser ist es, die Lichtwässer in Abständen immer wieder zu reproduzieren.

Lassen sich Lichtwässer, die im Dunkeln gestanden haben, nur im Freien wiederbeleben, oder geht das auch durchs Fensterglas?

Ideal ist das natürliche, durch nichts veränderte Licht. Aber wenn es draußen friert oder aus anderen Gründen nicht möglich ist, kann man die Wässer auch ohne weiteres aufs Fensterbrett stellen.

24 Stunden werden zur Vermehrung benötigt – Zeitstunden oder Lichtstunden?

Damit sind Zeitstunden gemeint, praktisch einmal rund um die Uhr, wodurch alle Energien der verschiedenen Tageszeiten aufgenommen werden.

Schadet die Berührung mit Kunststoff (zum Beispiel des Tropfers) den Lichtwässern?

Das ist im Prinzip nicht problematisch. Allerdings sollte die Flasche oder das Behältnis, in dem die Lichtwässer über längere Zeit aufbewahrt werden, vorzugsweise aus Glas sein.

Schwächt sich die Wirkung der Lichtwässer durch stetige Reproduktion ab? Muss man sich irgendwann wieder Originalwasser besorgen?

In vielen Jahren der Erfahrung hat sich gezeigt, dass bei korrekter und respektvoller Behandlung die Lichtwässer ihre volle Wirksamkeit behalten. Wer jedoch Gelegenheit hat, von einem Wallfahrtsort eine kleine Menge Wasser mit nach Hause zu nehmen, kann dies natürlich tun und davon auch an andere weiter verschenken. (Ich selbst lasse mir wenn immer möglich ein Fläschchen Wasser von Wallfahrtsorten mitbringen, um zu prüfen, ob sich meine eigenen Wässer optimal konserviert haben.)

Droht Wasser, das man vor allem im Sommer ans Licht stellt, nicht zu verkeimen? Ist das nicht schädlich?

Da Lichtwässer ohnehin immer wieder neu angesetzt und reproduziert werden sollten, sollte es eigentlich gar nicht dazu kommen.

Kann gechlortes Wasser zum Vermehren der Lichtwässer verwendet werden?

Leider ist Leitungswasser heute meist gechlort. Über die Vor- und Nachteile dieses Verfahrens wäre viel zu sagen. Zu bedenken sei gegeben: In gechlortem Wasser bilden sich keine Kristalle (Fotomethode nach Emoto) genauso wenig wie in stark verseuchtem Wasser. Wer kein gutes Quellwasser zur Verfügung hat und auf gechlortes Leitungswasser angewiesen ist, kann dieses in einem Krug oder in einer Schale eine halbe Stunde stehen lassen, dabei mehrmals umrühren. Chlor ist nämlich ein Gas, das sich leicht verflüchtigt.

Eignet sich Flaschenwasser aus dem Supermarkt zum Vermehren?

Im Prinzip ja. Beim Einlesen des Strichcodes geraten die Wassermoleküle jedoch in eine chaotische Bewegung (Ähnliches geschieht unter dem Einfluss von Mikrowellen). Am besten erlauben Sie dem Wasser, sich etwas zu erholen (mindestens einen Tag), bevor Sie es wie im Buch beschrieben zur Reproduktion verwenden. Mehrmaliges Umgießen wirkt sich in jedem Fall vorteilhaft auf Wasser aus, das lange gestanden hat.

Eignet sich Wasser, das im Mikrowellenofen erhitzt wurde, zur Vermehrung?

Nein, aus oben erwähntem Grund eignet es sich nicht.

Wenn Ihnen im Restaurant ein Gericht vorgesetzt wird, von dem Sie vermuten, dass es durch Mikrowellen erhitzt wurde, empfiehlt es sich, alle Getränke und Speisen mit Lichtwasser zu »informieren«. Wenn die Information sich in einem gestörten Stoff auch nicht optimal entfalten kann, kann sie dennoch dem Körper helfen, sich zur Wehr zu setzen.

Eignet sich Wasser aus Umkehrosmose zur Reproduktion von Lichtwässern?

Wie bereits ausgeführt (siehe Seite 110), handelt es sich bei Wasser aus Umkehrosmose um gestresstes Wasser. Beim Durchfluss durch den bei der Umkehrosmose verwendeten Filter verliert Wasser normalerweise jede Information, weil die Kohärenzdomänen (siehe Seite 17 f.) nicht passieren können.

Mit solchem Wasser ist die Reproduktion nicht gewährleistet. Besser nimmt man Wasser, das noch verhältnismäßig natürlich ist.

(Auch dem japanischen Wasserforscher Masaru Emoto gelang es übrigens nicht, von Wasser aus Umkehrosmose gute Wasserkristallisationen herzustellen und zu fotografieren.)

Kann abgekochtes Wasser zur Reproduktion verwendet werden?

Ja, vorausgesetzt, das Wasser wird innerhalb von 1 bis 2 Wochen verbraucht oder wieder zur Vermehrung benutzt; ansonsten kann es einen unangenehmen Geschmack annehmen und Ablagerungen bilden. Schonendes Abkochen ist den natürlichen Abläufen nahe, sofern es durch direkte Flamme geschieht. Erhitzen mit Hilfe von elektrischem Strom – Elektroherd, Wasserkocher, Tauchsieder – ist weniger günstig; eventuell einen kleinen Gaskocher benutzen (Campingzubehör).

Unser Leitungswasser ist sehr hart (kalkhaltig), und das Wasser aus einer Quelle in einer Parkanlage ist leicht salzig. Wenn ich das Wasser abkoche, zeigt sich in den Flaschen ein leichter Belag.

Der natürliche Mineralstoffgehalt ist kein Hindernis für die Informierbarkeit des Wassers. Wenn man das Wasser vorher abkocht, kann es unter Umständen schneller Rückstände bilden, sollte also schneller wieder reproduziert werden. Verwendet man Wasser aus Flaschen, sollte es jedoch stilles Wasser ohne Kohlensäure sein.

In meiner Nähe gibt es eine Quelle mit Lichtwasser. Kann ich dieses Wasser zum Vermehren der Basiswässer benutzen?

Zum Informieren und Trinken ja, zum Vermehren nicht.

Tropfer oder Pipette?

Zur Entnahme der benötigten Menge Lichtwasser kann man es sowohl direkt aus dem Fläschchen mit Tropfer träufeln oder aber eine Pipette benutzen.

Muss für jedes Lichtwasser eine separate Pipette verwendet werden? Kann ein Basiswasser verunreinigt werden, wenn die Pipette für verschiedene Wässer verwendet wird?

Ja. Es handelt sich allerdings nicht um eine »Verunreinigung«, sondern um eine Vermischung der Mikroinformationen, die dann nicht mehr ohne weiteres vermehrbar sind. Also Pipetten immer sorgfältig getrennt halten und eventuell sterilisieren.

THERAPEUTISCHE ANWENDUNG UND WIRKUNG

Wie vertragen sich Medikamente mit Lichtwässern?

Es gibt in dieser Hinsicht keine Gegenanzeigen. Viele Ärzte und Patienten haben bemerkt, dass die notwendige Dosis der eingenommenen Arzneimittel allmählich stetig abnahm, wenn sie in Begleitung von Lichtwässern genommen wurden. Am besten nimmt man die Lichtwässer direkt vor und nach den vom Arzt verordneten Mitteln ein.

Beobachten Sie aufmerksam Ihre Reaktionen, machen Sie sich dazu Notizen und sprechen Sie im Zweifel mit Ihrem Arzt, bevor Sie eigenmächtig ein Medikament absetzen, das ein wichtiger Bestandteil Ihrer Therapie ist. Holen Sie allenfalls auch eine Zweitmeinung von einem anderen Arzt oder Heilpraktiker ein.

Wichtig ist, die Lichtwässer nicht »mechanisch« einzunehmen wie irgendein Produkt aus der Apotheke; seien Sie sich bewusst, dass die harmonisierende Wirkung Ihren Körper stärkt und ihn widerstandsfähiger gegen Krankheiten macht.

Wie vertragen sich homöopathische Mittel mit Lichtwässern?

Homöopathische Mittel beruhen ähnlich wie die Lichtwässer auf einem Energieprinzip. Allerdings ist zumindest nach dem aktuellen Stand der Forschung anzunehmen, dass der molekulare Spin der beiden Mittel entgegengesetzt ist.

Das Prinzip der Homöopathie besteht in der Verdünnung von Materie zu Energie, während im Lichtwasser der Vorgang genau umgekehrt ist. Deshalb ist es ratsam, Lichtwässer und Homöopathika nicht gleichzeitig einzunehmen, sondern wenn überhaupt, dann zu verschiedenen Zeitpunkten.

Wie vertragen sich Lebensmittelergänzungsprodukte und pflanzliche Präparate (Phytotherapie) mit Lichtwässern?

Es gibt dafür keine Gegenanzeigen. Im Gegenteil: Die Wirkung von Mineralien und Vitaminen ebenso wie von rein pflanzlichen Heilmitteln wird durch den gleichzeitigen Einsatz von Lichtwässern sogar verstärkt.

Können Lichtwässer die Nebenwirkungen von Arzneimitteln reduzieren?

Im Prinzip ja. Zu verschiedenen Arzneimitteln, z.B. Zantac (gegen Sodbrennen und Magengeschwüre, Wirkstoff Ranitidin) und Platinex (gegen Krebs, Wirkstoff Cisplatin), wurde eine entsprechende Lichtwasserformel entwickelt, die in den Goldsalztests äußerst interessante Ergebnisse erbrachte und auch an den Patienten die Verträglichkeit der pharmazeutischen Mittel beträchtlich erhöhte. Das bedeutet, dass für jedes Arzneimittel eine präzise Formel für das genau entsprechende Lichtwasser erarbeitet werden sollte.

Bereits die Basisanwendung (siehe Seite 61) oder die Einnahme der Ihrem Gesundheitszustand entsprechenden Lichtwässer zusammen mit den verordneten Mitteln hilft jedoch, Nebenwirkungen zu reduzieren und die Verträglichkeit von Medikamenten zu erhöhen.

Können Lichtwässer schaden? Was therapeutisch wirksam ist, birgt doch auch die Gefahr von Nebenwirkungen.

Das trifft durchaus für pharmazeutische Medikamente zu, nicht aber für Lichtwässer. Auch in dem Fall, dass Sie nicht zum richtigen Lichtwasser gegriffen haben, passiert weiter nichts, denn das Wasser tritt dann nicht in Resonanz mit Ihrem Körper, weil er es nicht braucht. Bedenken Sie immer: Lichtwasser wirkt nicht einfach symptomatisch, sondern stellt einen Anreiz für die Selbstheilungskräfte des Organismus dar.

Hat die Art der Ernährung einen Einfluss auf die Wirkung der Lichtwässer?

Eine gesunde, naturgemäße Ernährung ist jedem Fall wichtig. Man sollte sich also keinesfalls darauf verlassen, dass man in der Ernährung »sündigen« kann und die Lichtwässer dann alles wieder in Ordnung bringen.

Sie können die Wirkung der Lichtwässer unterstützen, indem Sie folgende einfache Regeln beachten:

- Giftstoffe und andere Rückstände so weit als möglich meiden.
- Qualität vor Quantität; Qualität bedeutet unter anderem frische und möglichst wenig behandelte und verarbeitete Lebensmittel. Also täglich reichlich frisches Obst und Gemüse, der Jahreszeit entsprechend und nach Möglichkeit aus biologischem Anbau.
- Den Fleischkonsum eventuell reduzieren, Fisch und Geflügel bevorzugen.
- Vollwertkost, u. a. Vollkorngetreide und gutes Brot.
- Hochwertige, kaltgepresste Öle verwenden und diese möglichst nicht erhitzen.
- Zum Essen können Sie ein Glas guten Weins genießen, aber hochprozentige alkoholische Getränke meiden.

Gibt es eine einfache Möglichkeit, die Wirkung der Lichtwässer gleich festzustellen?

Sensible Menschen spüren die Wirkung der Lichtwässer sofort, andere brauchen den Umweg über deutlich sicht- und messbare Phänomene. Ein guter Weg ist, ein Problem oder ein Thema, das die Person besonders bewegt, zu Papier zu bringen, dann die Basisanwendung durchzuführen und nach vier Wochen die Veränderungen und Fortschritte in Bezug auf das betreffende Thema wiederum schriftlich festzuhalten. Ein Vergleich zwischen den beiden Aufzeichnungen kann sehr aufschlussreich sein.

Wer es eilig hat, kann es auch folgendesmaßen versuchen: Das Problem in ein paar Sätzen niederschreiben, dann ein Glas Lichtwasser trinken – am besten das der Tageszeit entsprechende Lichtwasser wählen – und dann wiederum etwas aufschreiben. Sehr häufig sind dann bereits Unterschiede im Schriftzug festzustellen!

Wo finde ich Lichtwässer mit der Schwingungsebene 7 und 8?

Die Grundschwingungsebene, das heißt die vorherrschende Eigenschaft der einzelnen Lichtwässer ist zwar nach wie vor die gleiche, wie sie bei der Erforschung der verschiedenen Quellen ausgetestet wurde. Vermutlich aufgrund intensiver menschlicher Arbeit und der allgemeinen Erweiterung des Bewusstseins zeigt sich jedoch an vielen Orten, an denen Lichtwässer entspringen, eine »Öffnung« und eine zunehmende Entfaltung ihres ganzen, bislang unbekannten Potenzials. Man kann also davon ausgehen, dass zumindest die Basiswässer (durch Resonanz mit der Quelle) heute sehr viel höhere Schwingungsebenen erreichen.

BEHANDLUNGSDAUER, MENGEN, INDIKATIONEN

Wie lange sollte man Lichtwässer anwenden?

In akuten Fällen (z.B. Verletzungen) verwendet man die betreffenden Lichtwässer bis zur vollständigen Abheilung; im Zweifel einen oder zwei Tage länger. Bei chronischen Beschwerden braucht es oft Geduld, wie bei anderen Therapieformen auch, allerdings mit dem Unterschied, dass Lichtwässer nie toxisch sind, keine unerwünschten Nebenwirkungen haben und keine Gewöhnung verursachen.

Die Basisanwendung (siehe Seite 61) sollte mindestens einen Monat lang ununterbrochen durchgeführt werden. Sie können sie aber auch ein Leben lang beibehalten und vor allem in jenen Zeiten anwenden, in denen Sie keine anderen spezifischen Lichtwässer einsetzen.

In jedem Fall ist es Ihrem allgemeinen Wohlbefinden zuträglich, Speisen und Getränke täglich mit Lichtwasser zu harmonisieren.

In welchen Mengen sollten Lichtwässer verwendet werden?

Bei der Anwendung der Lichtwässer gilt normalerweise nicht das Prinzip »viel hilft viel«. Kleinste Mengen, wie beschrieben zum Beispiel 9 Tropfen auf einen Liter Wasser, sind ausreichend. Dabei sollte die jeweils angegebene Mindestmenge nicht unterschritten werden. Größere Mengen sind nicht schädlich. Bei Schwerkranken ist die Dosis zu erhöhen: Täglich 9 Tropfen von jedem ausgewählten Lichtwasser pro Kilogramm Körpergewicht, auf drei Mal verteilt eingenommen.

Inzwischen nehme ich tagsüber bei Bedarf eine Mischung aus L, MJ und SD, abends FT und SD. Kann man problemlos drei Lichtwässer mischen, oder ist dies zu viel?

Dies geht problemlos. Bei professioneller Behandlung bekommt man eine sehr viel komplexere Zusammenstellung einer großen Anzahl von Wässern.

Besteht ein Unterschied, ob ich die feste Menge von 9 Tropfen oder 9 Tropfen pro Kilogramm Körpergewicht oder einfach eine beliebige Menge Lichtwasser (beispielsweise glasweise) trinke?

Sehr vielen Menschen bereitet das Trinken von Wasser Mühe. Deshalb haben wir Mindestmengen angegeben, die aber wirksam sind. Für das Informieren des Trinkwassers, das man tagsüber in beliebiger Menge zu sich nimmt, gibt es jedoch keine Gegenanzeigen – im Gegenteil!

Wie nimmt man bei der Basisanwendung die Tropfen ein?

Man kann sie entweder direkt in den Mund träufeln oder in einem Glas Wasser einnehmen. Im ersteren Fall macht man sich die Einnahme des Lichtwassers wahrscheinlich bewusster; im anderen Fall trinkt man gleich noch etwas mehr Wasser, was ebenso von Vorteil ist.

Gibt es Erfolge bei Krebserkrankungen, wie Knochenkrebs?

Ja. Allerdings ist in diesem Fall die Behandlung in einem spezialisierten Lichtwasserzentrum mit einem umfassenden Behandlungsprogramm ratsam. Empfehlenswert ist es jedoch, vor der ersten Behandlung einen Monat lang die Basisanwendung durchzuführen.

Welches Wasser eignet sich bei Diabetes?

Vor allem Montichiariwasser, da dieses in besonders ausgeprägter Resonanz zum Stoffwechsel steht. Es sollte allen Speisen und Getränken hinzugefügt werden.

Wie bei allen anderen Anwendungen gilt jedoch auch hier, dass das Lichtwasser kein symptomatisches Mittel ist, das im Handumdrehen alle Beschwerden wegbläst. Gesunde Ernährung und Lebensweise haben entscheidende Bedeutung. Außerdem empfiehlt sich auch hier eine allgemeine Lichtwasserbehandlung (Basisanwendung und Behandlung in einem Lichtwasserzentrum).

Welches Lichtwasser hilft bei ...?

Mit einer solchen simplifizierenden Fragestellung wird man der Wirkweise der Lichtwässer nicht gerecht. Lichtwässer sind kein Ersatz für allopathische Mittel. Sie wirken vielmehr dadurch, dass sie die Selbstheilungskräfte des Körpers anregen und einen allgemein harmonisierenden und gesundheitsstärkenden Effekt haben. Gleich ob es um Dickdarmprobleme oder eine Herzkrankheit geht, wissen die meisten Patientinnen und Patienten nach der Durchführung der Basisanwendung, wie am besten mit der Behandlung fortzufahren ist. Feste Regeln gibt es nicht, wie es auch nicht zwei hundertprozentig gleichartige Dickdarmerkrankungen gibt.

Welche Erfolge zeigen Lichtwässer bei Heuschnupfen?

Besonders auf dem Gebiet der allergischen Erkrankungen, wo die symptomatisch eingreifende Medizin verhältnismäßig wenig auszurichten vermag und der Patient zudem beträchtliche Nebenwirkungen in Kauf nehmen muss, haben die Lichtwasseranwendungen mit ihrem ganzheitlichen Ansatz und der Behandlung des »Terrains« außerordentliche Erfolge verzeichnet.

Ideal ist, einmal im Jahr, möglichst schon im Januar, eine Lichtwasserbehandlung durchzuführen. In den Zeiträumen, in denen man keine spezifischen Kombinationen von Lichtwässern einnimmt, arbeitet man mit der Basisbehandlung.

Wie kann man bei Süchten wie Alkohol oder Drogen mit Lichtwässern helfen?

Grundsätzlich gilt auch hier: Es gibt kein Wasser, ebensowenig wie es ein Arzneimittel oder ein Allerweltsheilmittel gibt, das ein Problem ohne weiteres Zutun beseitigt. Sonst verfallen wir wieder der alten Mentalität und vergessen das große Geschenk der Lichtwässer.

In jedem Fall ist aber auch hier die Basisanwendung wertvoll und außerdem sehr viel Lourdeswasser zur allgemeinen Reinigung. Empfehlenswert wäre auch eine professionelle Lichtwasserbehandlung.

Pur oder verdünnt?

Obwohl im Buch ausführlich behandelt, taucht immer wieder diese Frage auf. Bei Lichtwässern gibt es kein »pur« oder »verdünnt«, weil sich die Information vollumfänglich auf das Wasser überträgt.

Die Fläschchen, die man beim Verlag beziehen kann oder von Freunden bekommt, sollten nur als Notvorrat zum Vermehren dienen und nie ganz aufgebraucht werden. Immer rechtzeitig neu ansetzen, und ein Fläschchen als Vorrat behalten für den Fall, dass eines kaputt oder verloren geht.

Kann man Lichtwässer zum Fasten verwenden?

Wer regelmäßig einen oder zwei Fastentage einschaltet, kann für diesen Zweck gut Lichtwässer verwenden. Sie tragen sogar ganz besonders zur allgemeinen Reinigung und Auflösung von Schlacken bei. Dabei braucht man nicht unbedingt große Mengen Lichtwasser zu trinken. Sehr gut ist es, häufig und in regelmäßigen Abständen 9 Tropfen einzunehmen, am besten der Tageszeit entsprechend morgens Lourdeswasser, mittags Montichiariwasser, am späten Nachmittag Medjugorjewasser und abends San-Damiano-Wasser. Fatimawasser nach Belieben dazugeben oder auch so oft gewünscht alleine einnehmen.

Wenn Sie Kräutertees oder Gemüsesäfte oder -brühe zum Fasten benutzen, geben Sie jedem Glas 9 Tropfen Lichtwasser zu.

Ein günstiger Tag zum Fasten ist im Allgemeinen der Freitag; aber viele Menschen fasten auch gerne und gut am Montag.

Das natürliche Licht spielt für Lichtwässer eine entscheidende Rolle. Welche Bedeutung hat es für den Menschen?

Wir verbringen in der Regel zu viel Zeit in geschlossenen Räumen und bei künstlichem Licht. Sicher wissen Sie, dass Pflanzen bei »falschem« Licht sichtlich dahinkümmern, sich aber bei »gutem« Licht wieder erholen? Beim Menschen ist dies weniger offensichtlich, gilt aber ebenso.

Lichtwässer können die Auswirkungen eines solchen Lichtmangels natürlich nicht mit ein par Tropfen lösen. Wer allerdings aus beruflichen Gründen oft zu unregelmäßigen Tages- oder Nachtzeiten arbeitet, dem helfen die Lichtwässer, vor allem die so genannte Basisanwendung (siehe Seite 61), trotzdem einen erholsamen Schlaf zu finden und mit dem eher unnatürlichen Rhythmus verhältnismäßig gut zu leben. Es empfiehlt sich außerdem, so oft wie möglich in den Nachtstunden, vor allem zwischen 21 und 3 Uhr, etwas Schlaf zu bekommen. Das Vorherrschen der polarisierten Energie zu dieser Zeit ist ungemein wichtig zum »Aufladen der Batterien«. Nehmen Sie zu dieser Zeit auch San-Damiano-Wasser zusammen mit Fatimawasser ein, die dank ihrer polarisierten Energie dann besonders gut wirken.

TIERE, PFLANZEN, UMWELT, KÜCHE, KOSMETIK

Kann man die Lichtwässer auch Tieren geben?

Ohne weiteres. Alle Lebewesen sprechen gut auf Lichtwasser an, auch Pflanzen und selbst Kleinstlebewesen wie Hefepilze. Geben Sie doch einmal etwas Montichiariwasser in den Kuchen- oder Brotteig, lassen Sie Ihre Pflanzenableger in Lichtwasser Wurzeln schlagen oder geben Sie Ihren Tieren Lichtwasser zu trinken.

Die Lichtwässer sind ein Geschenk für die gesamte Schöpfung. Wie dankbar Wasserläufe, Pflanzen und Tiere für diese Gabe sind, sieht man an den Erfolgen. Der Mensch muss vielleicht – sich selbst zuliebe – lernen, respektvoller und dankbarer zu werden, vor allem, wenn wir mit Lichtwässern arbeiten.

Wie verhält es sich mit starken elektromagnetischen Feldern (z.B. Computer)?

Wer regelmäßig (etwa am Arbeitsplatz) starken elektromagnetischen Feldern ausgesetzt ist, sollte die benötigten Lichtwässer häufiger einnehmen; wenn Sie am Computer arbeiten, zum Beispiel etwa jede Stunde. Und sprengen Sie das Lichtwasser auch um die Geräte. Nach Möglichkeit stellen Sie Pflanzen in die Nähe, die bei Elektrosmog gedeihen, zum Beispiel eine Tillandsia.

Wie kommt es, dass mit Lichtwasser gegossene Pflanzen besser wachsen?

Dafür gibt es verschiedene Gründe. Zum einen nehmen die Pflanzen die Feuchtigkeit besser auf, weil die Viskosität niedriger ist und das Wasser besser steigt. Außerdem ist es leitfähiger. Erstaunlicherweise verändert sich aber auch die Zusammensetzung der Erde. Eine wissenschaftliche Studie hat ergeben, dass sich in vier Wochen der Gehalt an Kupfer, Zink und Eisen verändern kann, allein durch Zugabe von wenigen Tropfen bestimmter Lichtwässer (Leitungswasser unter Zugabe von Lichtwasser).

Kann man auch einen Wohnraum oder ein Gebäude mit Lichtwasser behandeln?

Ja. Dazu gibt es zahlreiche Möglichkeiten: Zum Beispiel durch entsprechende Behandlung der zum Anstreichen verwendeten Farben und Lacke oder durch Zugabe des Lichtwassers zu allen Putzmitteln. Man kann die Lichtwässer aber auch in Schälchen in einer bestimmten Anordnung aufstellen oder das der Tageszeit entsprechende Lichtwasser in Duftstofflampen und Luftbefeuchter geben für eine allgemein harmonisierende Behandlung der Räumlichkeiten oder um die gewünschte Wirkung zu erzielen (mehr dazu wird in einem separaten Band folgen).

Werden Lichtwässer auch für die Umwelt eingesetzt?

In dieser Beziehung geschieht schon sehr viel. Überall auf der Welt gibt es einzelne Menschen und Gruppen, die sich für die Gesundheit des Planeten auf sehr praktische Art einsetzen, meist allerdings ohne es publik zu machen – die Zeit scheint noch nicht reif dafür.

Mit Lichtwässern als ausgesprochen umweltfreundliches, harmonisierendes Mittel ist schon sehr viel erreicht worden. Nur einige Beispiele: Die Algeninvasion vor einigen Jahren an der Adria wurde normalisiert; im Gardasee kann man wieder baden; die Killeralge im Mittelmeer erregt weniger Aufsehen, weil sie sich offensichtlich weniger vermehrt als ursprünglich angenommen; der Untergang eines Erdöltankers vor Genua hat nicht wie bei anderen vergleichbaren Unglücken das Meer auf Jahre verseucht, sondern man beobachtet das Gedeihen einer üppigen Vegetation und großer Fischschwärme, sogar rund um das gesunkene Schiff.

Ist für die Kosmetik nur Lourdeswasser geeignet?

Nein, es eignen sich auch andere Lichtwässer. Lourdeswasser hat vor allem heilende, reinigende und erfrischende Eigenschaften. Montichiariwasser nährt, Medjugorjewasser regeneriert die Spannkraft, San-Damiano-Wasser beruhigt.

Wie lassen sich Lichtwässer bei Cellulitis, Akne, Allergie, Stress usw. einsetzen?

Sämtliche verwendeten Kosmetika werden noch wirksamer, wenn man ihnen 9 Tropfen Lichtwasser pro Behälter zusetzt. Sie können dies bei allen Ihren Cremes, Lotionen usw. tun. Bei Akne würde ich außerdem Heilerdemasken mit Lourdeswasser ansetzen, bei Cellulitis den Packungen und Massagepräparaten Montichiari- und Medjugorjewasser beifügen. Bei Allergien ist bei Kosmetika sowieso besondere vorsichtig geboten: Bäder mit Lourdeswasser lindern den Juckreiz, außerdem empfiehlt sich die Durchführung der Basisanwendung (siehe Seite 61). Gegen Stress kann man vor allem San-Damiano-Wasser verwenden.

Welche Wässer kann man in der Küche benutzen?

Im Prinzip alle Basiswässer. Zum Beispiel der Tageszeit entsprechend morgens Lourdeswasser, mittags Montichiariwasser, am Nachmittag und frühen Abend Medjugorjewasser und später San-Damiano-Wasser. Fatimawasser können Sie immer mit dazunehmen.

Sie können die Lichtwässer auch spezifisch anwenden. Hülsenfrüchte zum Beispiel werden besonders leicht verdaulich, weich und wohlschmeckend, wenn man sie mit Montichiariwasser einweicht und/oder kocht.

In Backwerk ergibt jedes Lichtwasser wiederum eine andere Konsistenz und eine andere Qualität. Probieren Sie es aus, Sie werden bald herausfinden, was Ihnen und Ihren Lieben am besten mundet.

Was ist von Geräten wie Wasserwirblern zu halten?

Wasser in Bewegung zu bringen, ist immer von Vorteil. Um das Leitungswasser wieder lebendiger zu machen, wurden vor allem ausgehend von den Forschungen von Viktor Schauberger verschiedene Geräte entwickelt, unter anderem Wasserwirbler, die dem Wasser dadurch einen frischeren Charakter verleihen. Wichtig sind dabei die verwendeten Materialien (Glas ist sicher empfehlenswert), die Drehrichtung und dass das Wasser nicht durch Elektrosmog verseucht wird.

Ich habe einen Wasseraufbereiter im Haus. Kann ich das so aufbereitete Wasser zum Vermehren der Lichtwässer benutzen?

Diese Frage lässt sich nicht allgemein beantworten. Einige Geräte (z.B. auf dem Prinzip der Umkehrosmose) können das Wasser »stressen«; andere prägen ihm eine sehr starke Eigeninformation auf. Lichtwässer wissen sich zwar, wie bereits an anderer Stelle erwähnt, recht gut zu schützen; aber unbehandeltes, ungestresstes Wasser ist in der Regel besser zum Vermehren von Lichtwässern.

Hinweise und Adressen

Die Autorin ist dankbar für Hinweise und persönliche Berichte zum Thema. Schreiben Sie ihr an die Adresse des Verlages.

Die 7 Basislichtwässer können Sie zum Selbstkostenpreis von Fr. 25.–/ € 16,– zuzüglich Versandkostenanteil beziehen bei:

Bestellungen aus der Schweiz:
AT Verlag
AZ Fachverlage AG
Stadtturmstrasse 19
CH-5401 Baden
Telefon +41 (0)58 200 44 10
Telefax +41 (0)58 200 44 14
at-versand@azag.ch

Bestellungen aus Deutschland und Österreich:
Brockhaus/Commission
Frau Knoll
Kreidlerstrasse 9
D-70806 Kornwestheim
Telefon +49 (0)7154 13 27 20
Telefax +49 (0)7154 13 27 13
atverlag@brocom.de

Wenn Sie sich für eine Lichtwasserbehandlung in Italien interessieren, erhalten Sie Auskünfte über den für Sie am günstigsten gelegenen Ort bei:

Cinzia Valente
Via Svarchi Alti 14
I-60026 Numana/AN
Telefon 0039 071 7390 735
E-Mail: Giba.numana@tiscalinet.it

Anna Valente
Corso Sempione 36
I-20154 Milano
Telefon 0039 02 3453 7055

»Wasser-Symposium« Luzern: ein Forum für das Wasser

Das »Wasser-Symposium« versteht sich als Forum für ein tief gehendes Verständnis naturgesetzlicher Zusammenhänge, insbesondere des Lebenselementes Wasser: vielschichtig, verständnisbildend, undogmatisch, inspirierend und bewegend. Internationale Forscher und Künstler beleuchten unterschiedlichste Aspekte aus ihrer langjährigen Beschäftigung mit dem Wasser und berichten Erstaunliches, Unbekanntes und Ungeahntes.

An der jährlich stattfindenden Veranstaltung referierten bisher: Jaques Benveniste, Enza Maria Ciccolo, Callum Coats, Joan S. Davis, Masaru Emoto, Alexander Lauterwasser, Marko Pogačnik, Wolfram Schwenk u.a.m. Die Referate sind teilweise auf VHS-Video erhältlich.

Wer an Seminaren, Kursen oder Lichtwasserbehandlungen im deutschsprachigen Raum interessiert ist, wendet sich an:

»Wasser-Symposium«
Postfach 166
CH-9003 St. Gallen
Telefon +41 (0)71 223 16 68
Fax +41 (0)71 230 30 08
manuela. kihm@bluewin.ch

Bibliografie

IN DEUTSCHER SPRACHE:

Theodor Schwenk: Das sensible Chaos, Verlag Freies Geistesleben
Olof Alexandersson: Lebendes Wasser, Verlag Ennsthaler
Waltraud Wagner: Tanzendes Wasser, Neue Erde Verlag
Joan S. Davis: Ist Wasser mehr als H_2O? Das Lebenselement zwischen Mythos und Molekül, Verlag Hans-Erni-Stiftung
Marco Bischof: Biophotonen, das Licht in unseren Zellen, Verlag Zweitausendeins
Marco Bischof: Tachyonen, Orgonenergie, Skalarwellen. Feinstoffliche Felder zwischen Mythos und Wissenschaft, AT Verlag
Andreas Schulz: Wasser Kristall Welten. Die Lebenskraft des Wassers – Kristallbilder von Wässern aus allen Kontinenten, AT Verlag
Alexander Lauterwasser: Wasser Klang Bilder. Die schöpferische Musik des Weltalls, AT Verlag
Ernst F. Braun: Wassserkristalle. Zauberwelt auf gefrorenen Wassertropfen, AT Verlag
Reinhold Kistenich: Wasser, Augenblicke, Gedankenspiele, Elemente Verlag
Urs Honauer: Wasser, die geheimnisvolle Energie, Irisiana Verlag
Masaru Emoto: Die Botschaft des Wasser, Koha Verlag
Masaru Emoto: Wasserkristalle, Koha Verlag
W. Dröscher und B. Heim: Die Strukturen der physikalischen Welt und ihrer nichtmateriellen Seite, Resch-Verlag, Innsbruck
W. Dröscher und B. Heim: Termselektoren, Resch-Verlag, Innsbruck

Begegnungen mit einem Phänomen, Videoaufnahmen vom Wassersymposium Luzern, 15.7.2001 und 2.–3.6. 2002 mit Vorträgen von Alexander Lauterwasser, Joan S. Davis, Masaru Emoto, Madeleine Calame, Wolfram Schwenk, Jörg Schauberger, Andreas Schulz, Almut Kowalski-Plouda

IN ITALIENISCHER SPRACHE:

Enza Ciccolo: Acqua d'Amore, Verlag Mediterranee
Enza Ciccolo: L'Energia delle Acque a Luce Bianca, Verlag Mediterranee
Enza Ciccolo: Azione delle Acque a Luce Bianca definite attive su alcuni rimedi naturali e di sintesi, Andromeda Verlag
Gudrun Dalla Via: Guida alle Acque Sante d'Europa, Verlag MEB
Ansaloni, Ciccolo, Vecchi: »Indagine sulle Acque condotta mediante il test sull'oro colloidale«, Rassegna Chimica 5(1990)
Sergio Portas: Analisi Biochimica Comparata dell'Acqua Lievito e altre acque, a Luce Bianca e Normali (Laborbericht)
Pavanello, Smadelli: Relazione dell'analisi biochimica, Laboratorio enochimico dell'Unione Italiana Vini (Laborbericht)

Ansaloni, Ciccolo, Vecchi: »Effetti delle Acque a Luce Bianca sui Rimedi. Test ai Sali d'Oro«, Rassegna Chimica 5/6(1990)

IN FRANZÖSISCHER SPRACHE:

C. L. Kervran: Preuves en biologie de transmutations à faible énergie, Verlag Maloine, Paris
Paul Nogler: Traité d'auricolomédicine, Ed. Maisonneuve

IN ENGLISCHER SPRACHE:

Viktor Schauberger: The Water Wizard, ed. Eco-Technology
Vittorio Elia and Marcella Niccoli: »New physico-chemical properties of water induced by mechanical treatments. A calorimetric study at 25°C«, Journal of Thermal Analysis and Calorimetry 61(2000) 527–537
Vittorio Elia and Marcella Niccoli: »Thermodynamics of extremely diluted aqueous solutions«, Department of Chemistry, Annals New York Academy of Sciences, 30.6.1999
G. Eilenberger: Solitons, Springer Verlag
Masaru Emoto: The Message from Water, Michaels Verlag
E. Del Giudice, G. Preparata: »Coherent Electrodynamics in Water«, Journal of Biological Physics
E. Del Giudice, G. Preparata: »Fast Sound in Wate: Evidence for a Two-Fluid Structure?«, Journal of Biological, Physics 20(1994) 105

Stichwortverzeichnis

Enza Maria Ciccolo

Lichtwasser – Wasser der heilenden Liebe

Forschung, Grundlagen und ganzheitliche therapeutische Konzepte

Das Wasser als Urmatrix jeder Lebensform bewirkt durch seinen ständigen Zustandswechsel einen Informationsaustausch zwischen Himmel und Erde. An vielen Orten auf der Welt manifestiert sich das Licht der Erkenntnis als Lichtwasser, das mit den sieben Frequenzen des Lichts in Resonanz geht. Es stellt für den Menschen ein wertvolles therapeutisches Mittel für sich selbst und seine Umwelt dar. Das Buch vermittelt die Grundlagen des Phänomens der Lichtwässer und gibt Einblick in die Geheimnisse des Lebens und die Bedeutung des Wassers.

Andreas Schulz

Wasser Kristall Welten

Die Lebenskraft des Wassers – Kristallbilder von Wässern aus allen Kontinenten

Einzigartige Bilder von Quellwässern aus aller Welt, dargestellt mit Hilfe eines neuen Verfahrens unter Gewinnung von Flüssigkristalllösungen. Wasserqualität wird so auch für den Laien anschaulich darstellbar, das Wasser in seiner Einzigartigkeit auf neue Weise zugänglich. Neben Fragen der Reinheit und Qualität von Quell- und Trinkwasser werden auch die Verfahren der Wasseraufbereitung und Wasserbelebung beleuchtet, wiederum illustriert durch faszinierende Wasserkristallbilder.

Ernst F. Braun

Wasserkristalle

Zauberwelt auf gefrorenen Wassertropfen

Von der Quelle bis hin zum ruhenden Meer hat das Wasser viele Gesichter. Eines davon ist sein lebendiges, ausgestattet mit Bewusstsein und Gedächtnis. Wasserkristallfotos zeigen uns dieses Gesicht in unterschiedlichen Formen. Dieses Buch präsentiert außerordentliche Bilder von Kristallbildungen auf gefrorenen Wassertropfen. Anregung zum Sinnieren, Meditieren, Staunen und Träumen.

Alexander Lauterwasser

Wasser Klang Bilder

Die schöpferische Musik des Weltalls

Ausgehend von den Chladnischen Klangfiguren und der Kymatik von Hans Jenny entwickelt der Autor anhand zahlreicher Bilder eine Typologie dieser Formensprache, zeigt ihre Bedeutung für das Verständnis der Resonanz und die Verwandtschaft mit Strukturen und Mustern der Natur. Besonders eindrucksvoll und formenreich sind die Gestaltungsvorgänge von Schwingungen im Medium Wasser und ganz besonders im Wechselspiel mit Musik. Verschiedenste Instrumente und Klangspektren führen zu einer Fülle faszinierendster Strukturen und Muster. Mit über 200 beeindruckenden Farbbildern und zahlreichen Schwarzweißabbildungen.